依法依规纳税　　合法合理避税

国地税合并和金税时代

企业财税规范与纳税设计

肖良林　编著

国地税合并和金税时代，企业中高层管理者、中小企业主、企业财务人员财税实务指南

企业财税规范　财税顶层设计
企业税收筹划　税收风险控制

企业管理出版社
EMPH ENTERPRISE MANAGEMENT PUBLISHING HOUSE

图书在版编目（CIP）数据

国地税合并和金税时代企业财税规范与纳税设计 / 肖良林编著 . -- 北京：企业管理出版社，2019.1

ISBN 978-7-5164-1874-1

Ⅰ.①国… Ⅱ.①肖… Ⅲ.①企业管理 - 财务管理 - 中国 ②企业管理 - 税收管理 - 中国 Ⅳ.① F279.23

中国版本图书馆 CIP 数据核字（2019）第 012852 号

书　　名：	国地税合并和金税时代企业财税规范与纳税设计
作　　者：	肖良林
责任编辑：	侯春霞
书　　号：	ISBN 978-7-5164-1874-1
出版发行：	企业管理出版社
地　　址：	北京市海淀区紫竹院南路 17 号　　邮编：100048
网　　址：	http://www.emph.cn
电　　话：	发行部（010）68701816　　编辑部（010）68420309
电子信箱：	zhaoxq13@163.com
印　　刷：	三河市聚河金源印刷有限公司
经　　销：	新华书店
规　　格：	720 毫米 ×1000 毫米　　16 开本　　10.75 印张　　151 千字
版　　次：	2019 年 7 月第 1 版　　2019 年 7 月第 1 次印刷
定　　价：	45.00 元

版权所有　翻印必究　印装有误　负责调换

目 录

导　言 …………………………………………………… 001

第一章　国地税合并、金税工程与企业税务 …… 003

第一节　国地税合并改革的原因与国地税部门职能 …… 003
第二节　国地税合并改革对企业意味着什么 …………… 007
第三节　金税工程大事记：一期、二期和三期 ………… 009
第四节　金税三期的大数据稽查企业涉税风险 ………… 013
第五节　金税工程对企业纳税管理的影响分析 ………… 015

第二章　金税时代下的企业财税规范 …………… 017

第一节　增值税和企业所得税的核查与申报 …………… 017
第二节　金税时代企业报税要求及报税流程 …………… 022
第三节　财务人员应管理好取得和开出的发票 ………… 024

第四节　金税时代企业老板必须知晓的财税问题…………026

　　第五节　金税时代初创企业要避免的财税硬伤…………029

第三章　金税时代企业税务风险的识别与控制… 034

　　第一节　金税时代企业七大税务风险的识别………… 034

　　第二节　如何应对金税时代下更高的合规要求………… 039

　　第三节　金税时代企业如何提高税务风险管理水平………… 041

　　第四节　金税时代企业税收风险控制体系的搭建………… 044

　　第五节　税务风险预防性控制机制和发现性控制机制………… 048

第四章　金税时代企业财税人员的应对策略…… 053

　　第一节　金税时代下企业财税人员的转型密码………… 053

　　第二节　"金三"系统下企业财税人员面临的风险 ………… 055

　　第三节　财税人员如何应对金税时代的大数据研判………… 058

　　第四节　金税时代企业财税人员法律风险防范与控制………… 061

　　第五节　金税时代企业财税人员应该具备的专业技能………… 064

第五章　金税时代企业财税管理的顶层设计…… 068

　　第一节　适应"金三"系统，优化税务管理………… 068

第二节　确立指导思想，遵循"三个统一"……………… 070

第三节　守住比对底线，依法依规经营…………………… 073

第四节　部门协同推进，应对税务风险…………………… 074

第五节　税企积极互动，创造"双赢"局面……………… 077

第六章　金税时代的企业税收筹划……………… 081

第一节　企业税收筹划的思路、方法与风险……………… 081

第二节　企业所得税纳税筹划的着眼点…………………… 086

第三节　增值税会计处理新规及科目设置实务…………… 091

第四节　主营业务收入管理应避免的作假方式…………… 097

第五节　企业避税方法及中小企业家避税策略…………… 105

第七章　金税时代的企业财税管控方法………… 113

第一节　金税时代企业税收评估的20项预警指标………… 113

第二节　金税时代企业增值税财税管控要点……………… 121

第三节　金税时代企业所得税汇算清缴实务……………… 124

第四节　金税时代集团企业信息化税务管理方法………… 128

第五节　金税时代个税申报步骤与常见问题解读………… 132

第八章　金税时代主要行业纳税筹划案例……… 139

第一节　房地产开发企业合理避税案例………………… 139
第二节　商业银行税务筹划案例………………………… 143
第三节　汽车制造企业税务筹划案例…………………… 148
第四节　教育行业培训机构税务筹划案例……………… 151
第五节　医疗器械生产企业税务筹划案例……………… 153
第六节　物流企业增值税税务筹划案例………………… 156
第七节　零售行业促销时的税务筹划案例……………… 157

参考文献……………………………………………… 163

导　言

国地税合并不仅建立了从中央到地方的垂直管理机制，还打击了偷漏税和税企勾结等违法违纪行为，而国税总局主导的金税三期工程则为国地税合并提供了技术支持。

金税三期工程通过对税收元数据的属性定义，保证了数据项的标准以及口径的唯一；将全国征管数据应用集中起来，逐步建立了以总局为主、省级为辅的全国征管数据应用大集中模式；建立了第三方信息共享机制，从而可以实时、完整、准确地掌握纳税人的涉税信息和税务机构、人员情况，并有效防止不法分子虚开发票等违法犯罪活动。此外，这一工程还实现了全国国地税征管应用系统的版本统一。

如今我国的税收征管已经发生了巨大变化，纳税人采取"粗放式"税务管理模式的空间越来越少，需要付出的代价将越来越大。可是，众多企业特别是占比95%以上的中小企业缺少税务职能部门，财务人员擅长核算，只能处理报税事项，却不懂法，而法务人员又不懂税，因而企业涉税法律风险管控几乎是空白。在国地税合并和金税三期时代，企业的财税管理模式需要与时俱进。

在国地税合并和金税三期大数据应用时代，企业如何规范财税行为，努力达到金税三期对企业报税的要求？面对"金三"系统强大的功能，企业如何提高税务风险管理水平，在企业内部构建税收风险控制体系与控制机制？在金税三期时代，企业财税人员如何面对预警、稽查、发票等方面的风险，该具备什么专业技能？面对税收大数据，企业如何进行财税管理顶层设计，优化税务管理？在税务稽查和监控趋严的金税三期时代，企业如何做好税收筹划？面对金税三期时代的重大挑战，企业需要掌握哪些有效的财税管控方法？这些都是国地税合并和金税三期大数据应用时代企业必须解决的问题。而这些问题也恰恰是本书要探讨的内容，旨在帮助企业通过信息化手段与财税管理工具提高税法遵从度，并通过合法的税务筹划创造价值。

企业财税管理是企业管理的重要组成部分，唯有规范企业行为，规避税务风险，降低税收成本，提高经营效益，提高税务管理水平和效率，才能真正适应这个时代。

第一章

国地税合并、金税工程与企业税务

国地税合并是税制改革的重要举措，不仅可以降低企业的纳税成本，而且可以促使企业规范纳税，合法经营。而金税三期由于具备功能更强大、运行更稳定、办税更顺畅等诸多优势和特点，为国地税合并提供了技术支持。国地税合并后，在"金三"系统的监督、稽查之下，企业涉税风险将会大大降低，企业的税务管理工作也将越来越规范。

第一节 国地税合并改革的原因与国地税部门职能

2018年3月13日，北京人民大会堂召开了第十三届全国人民代表大会第一次会议。在这次会议上，国务委员王勇做了关于国务院机构改革方案的说明，明确提出："将省级和省级以下国税地税机构合并，具体承担所辖区域内的各项税收、非税收入征管等职责。"为什么要提出国地税合并改革？国地税合并改革方案实施后，国家税务局和地方税务局两大国家部门的职能又有哪些变化？下面我们一起来看看。

一、国地税合并改革的原因

1994年之前，我国中央财政收入严重不足，国家便开始实行分税制改革，即国家税务机关征收中央税及中央地方共享税，地方税务机关负责征收地方税。国家税务机关与地方税务机关的分别设立，解决了税收收入的汇聚和分配等难题，但这种税收征管体制也存在很多问题。

从 2016 年 5 月 1 日开始，我国全面实行"营改增"（即营业税改增值税，指以前缴纳营业税的应税项目改成缴纳增值税），营业税从此不再出现在报税单上，地方政府开始缺失主体税种。如此，国税和地税机构分设带来的问题愈加显现，概括起来，主要包括以下几个方面：

第一，国税与地税机构分设导致税收信息不能共享，造成国家财产损失。国税机构和地税机构分开收税，使这两个税务机关在收税过程中出现信息不能共享的现象，其最终结果是本该缴税的纳税人没有缴税，直接造成国家税收的减少，损害国家的经济利益。

第二，国税与地税机构分设增加了税收成本。所谓税收成本，是指征税时付出的其他相关成本。税收成本大致可以分为两类：①针对税务机构的征税成本，是指由于税务机构的设置而导致的税收成本；②针对纳税人的缴纳成本，是指纳税人缴纳税款时发生的税收成本。我国税务机构有国税与地税两大系统，需要建立两套班子、两套办公设施，还需要开展类似的人员培训、履行类似的职能等。税务人员与办公设备的增设，必然会增加行政管理费用，提高税收的征收成本。

从纳税人的角度来看，税务机关的组织模式有税种模式、功能模式、纳税人群体模式和混合模式。我国是"税种因素为主，功能因素为辅的混合模式，纳税人因素则基本没有涉及"。[①] 有些税种既属于地方税，也属于中央税，纳税人缴纳这些税款时，需要来往于国税与地税两个机构。典型的税种包括所得税和城市维护建设税，不同性质的企业需

---

① 来自王勇关于国务院机构改革方案的说明。

要到不同的地点纳税，如此就带来众多不必要的税收缴纳成本。

第三，国税与地税机构之间存在着利益争夺。分税制将各级政府的事权与财权进行了重新分配，但事权与财权的划分并不匹配：中央负责征收中央税与中央地方共享税，承担着属于中央本级的事权；地方政府没有独立取得收入的权力，但承担着更多的事权。地方税税种多、征收难度大、金额较小，仅依靠地方税收入是无法全部覆盖地方各种开支的。因此，为了保护自己的利益，保持本级政府的运行，地方政府就要采取必要的措施增加财力。一旦在某些税款划分上发生争议，地方政府就会帮地方税务局说话，与国家税务局讨价还价。有的地方政府甚至还会让地方企业通过"地域税收筹划"改变税种，改变税款的缴纳形式，变应缴纳国税的税款为地税。

税收征管体制所导致的信息沟通不畅、税收成本高、机构之间存在利益争夺等问题，引起了中央的高度重视。于是，在第十三届全国人民代表大会第一次会议上明确提出了国地税合并的改革建议。

值得注意的是，有分析人士认为，从税制改革的发展趋势来看，未来中国要推动个人所得税综合与分类相结合的改革，需要以自然人纳税人为征管对象。由于自然人在全国流动，也会有跨区域的收入来源，这将对全国统一的数据库、信息系统建设以及征管资源的优化配置提出更高的要求。在这种情况下，国地税合并对于提高征管效率的意义将更为重要。其实，这也从另一个角度说明了财税体制改革的原因。

二、国地税两大部门的职能变化

国税与地税一般是指税务机关，而不是针对税种而言的。国家税务局系统由国家税务总局垂直领导，省级地方税务局系统受省级人民政府和国家税务总局双重领导，省级以下地方税务局系统由省级地方税务机关垂直领导。因此，国家税务局系统和地方税务局系统分属国家不同的职能部门。

1994年国家实行分税制改革，根据不同行业和税种，将过去的税务局分为国家税务局和地方税务局，二者各自分管不同的税种。

国税局负责的税种主要包括：增值税，消费税（其中，进口环节的增值税、消费税由海关代征），车辆购置税，铁道部门、各银行总行、各保险总公司集中缴纳的营业税、企业所得税和城市维护建设税，中央企业缴纳的企业所得税，海洋石油企业缴纳的企业所得税、资源税，2002—2008年企业、事业单位缴纳的所得税，对储蓄存款利息征收的个人所得税（目前暂免征收），对股票交易征收的印花税。

地税局负责的税种主要包括：企业所得税、个人所得税、资源税、印花税、城市维护建设税（不包括上述由国税局负责征收管理的部分）、教育费附加、地方教育附加、房产税、城镇土地使用税、耕地占用税、契税、土地增值税、车船税、烟叶税，以及代收社会保险费、残疾人就业保障金、工会经费。

随着新一轮税制改革方案的提出和实施，现在国地税两大国家部门的职能有了新变化。那么，究竟有哪些变化呢？中共中央于2018年3月印发的《深化党和国家机构改革方案》（以下简称《方案》）给出了答案。

《方案》提出，为了降低征纳成本，理顺职责关系，提高征管效率，为纳税人提供更加优质、高效、便利的服务，将省级和省级以下国税地税机构合并，具体承担所辖区域内各项税收、非税收入征管等职责。为提高社会保险资金征管效率，将基本养老保险费、基本医疗保险费、失业保险费等各项社会保险费交由税务部门统一征收。

国税地税机构合并后，实行以国家税务总局为主与省（自治区、直辖市）人民政府双重领导管理体制。国家税务总局需要同省级党委和政府加强税务系统党的领导,做好党的思想政治建设和干部队伍建设,优化各层级税务组织体系和征管职责,按照"瘦身"与"健身"相结合的原则,完善结构布局和力量配置,构建优化、高效、统一的税收征管体系。

由此可见,在新一轮国税地税征管体制改革中,社保由原来税务部门代征转变为由税务部门统一征收,从"帮忙"到"本职",发生了本质的改变,意义重大。新税务机构接收社保等多个国家非税收入征管职能,是规范政府非税收入征管的重大转变,会让非税收入在制度上更具规范性,在执行上更具刚性,不但有利于降低征管成本,提升征管效率,还将为未来税费制度改革、统一政府收入体系、规范收入分配秩序等创造条件,从而为国家治理现代化奠定坚实的基础。

第二节 国地税合并改革对企业意味着什么

企业是国家的纳税大户,对企业来说,国税地税合并改革可以降低企业因现行国税、地税分立而产生的纳税成本,同时也能促使企业规范纳税,合法经营。

一、减少企业纳税成本

国税地税合并改革可以降低企业纳税成本,这可以从以下几个方面体现出来:

第一,分设国税部门与地税部门,企业需要建立两套征税体系,需要两头跑,增加了在政策研读、设备购置、系统维护、人员配备等方面的成本。国地税合并后,企业的所有税务只面对一套征税体系,进一家门就能一次将事情都办好,无形中节省了企业的时间成本和资金成本,从而降低了纳税成本。例如,建筑企业去项目所在地预缴税款,如果涉及申报个税，可能需要再跑一趟地税局；国地税合并后，完全可以一次搞定，为企业节约了很多时间。

第二，在国地税分设的情况下，两部门为了各自的利益，存在争抢企业税源的情形。在这种情况下，企业很可能左右为难，难免与税务部门产生矛盾。国地税合并后，则不存在这个问题。

第三，国地税合并后，征税系统会对原国地税两局人员进行更好的配置，提高税收征收的整体效率，强化对纳税人的服务，这些都有助于降低企业的纳税成本。

二、促进企业税务管理合规

在国税部门与地税部门分设的情况下，如果国地税部门之间的信息沟通不畅，就无法及时交流企业税务管理中的不合规事项。国地税合并后，在金税三期的大背景下，企业的业务信息会在系统中一目了然，大大减少了人为操作的空间，从而促进企业税务管理合法合规。具体体现在以下几个方面：

第一，纳税人既往的税收违法行为将被清算。国地税合并后，管理标准趋于一致，同时更多税务干部会被充实到税收征管第一线，必然会加强企业的税务稽查工作，税务稽查比例会显著提高，纳税人在持续经营过程中的偷漏税等税收违法行为将会得到有效清算。

第二，纳税人今后的税收违法成本会明显增加。国地税合并后，金税三期税收电子信息系统的税收征管功能会进一步增强，在有效服务纳税人的同时，对纳税人纳税行为的监控功能也会大大提升。未来，国地税联合行动肯定会越来越多，稽查都是全税种的，应对纳税人偷漏税等税收违法问题的技术手段也会进一步增强，纳税人今后的税收违法成本将显著增加。

第三，纳税人的税收筹划空间将被进一步挤压。目前，很多企业利用部分省市级地方政府的税收优惠政策进行税收筹划。国地税合并后，实行以国税为主、地方政府双管的税收管理体制，税收优惠政策下地方政府的招商引资竞争将受到限制，纳税人以此为基础的税收筹划空间将逐步丧失。

第四，进行科学的税收风险管理是纳税人的唯一正确选择。在2018年"两会"政府工作报告中，共有31处提到"税收"，其中需要当年推进的税收改革和减税举措共有18项，将惠及上亿的自然人和几千万家企业。但是，享受"税改红利"的前提是依法纳税。目前，"一处失信，处处受限"的信用惩戒大网已经在全国铺开，让失信者寸步难行。因此，企业进行科学的税收风险管理非常必要，应组建强有力的税收管理队伍，或依托成熟的中介服务。总之，做好税收风险管理是纳税人的唯一正确选择。

最后需要强调的是，国地税合并是一项影响深远的大事，对于企业来说，不要被铺天盖地的舆论淹没，更不要茫然等待、原地踏步。处在高速变革和发展的时期，面对国地税合并、税收法制化、税务信息化、税收智能化，各企业管理者、财务负责人要直面改革，正视变革，加强税收风险管控，合法筹划税务，积极维护企业合法权益，有针对性地进行内部管理调整。特别是对新规定、新要求、新政策，更要尽快熟悉和遵从，这是一段时期内企业经营管理的一项重要事务。

第三节 金税工程大事记：一期、二期和三期

金税工程是国家信息化重点工程之一，其将一般纳税人认定、发票领购、纳税申报、税款缴纳等全过程进行网络运行，加强增值税征收管

理，也就是利用覆盖全国税务局的计算机网络，对增值税专用发票和企业增值税纳税状况进行严密监控。

金税工程的基本框架由一个网络和四个子系统构成：一个网络，就是从国家税务总局到省、地（市）、县四级统一的计算机主干网；四个系统，就是覆盖全国增值税一般纳税人的增值税防伪税控开票子系统、全国税务系统的防伪税控认证子系统、增值税交叉稽核子系统和发票协查信息管理子系统，四个子系统关系紧密，相互制约。

从 1994 年实行新税制开始到 2016 年金税三期在全国全面上线，金税工程经历了一期、二期和三期三个建设阶段。

一、金税一期：计算机管税的初步尝试

我国从 1994 年开始实行新税制，新税制的一个重要内容就是建立以增值税为核心，与营业税、消费税、关税等互相协调配合的流转税制。可是，当时假发票、大头小尾发票等虚开增值税专用发票的现象屡禁不止，增值税征管也就成了税务机关面临的一个主要难题。

为了遏制虚开增值税专用发票的违法行为，国家引入现代化技术手段强化增值税管理。1994 年 2 月，国务院召开专题会议，指示尽快建设以加强增值税管理为主要目标的"金税工程"。这就是金税一期。

金税一期的主要成就是建成了增值税防伪税控系统，实现了利用计算机网络对增值税专用发票进行交叉稽核。可是，当时采集增值税专用发票信息需要由税务机关组织手工录入，错误率高，覆盖面窄。所以，金税一期于 1995 年在全国 50 个试点单位上线后，到 1996 年底便停止运行。

金税一期的实践表明，首先，必须保证信息真实性，而依靠人工录入专用发票数据存在大量的人为错误；其次，试点的范围有限，当时只在 50

个城市建立了稽核网络，无法对其他地区的专用发票进行交叉稽核。

二、金税二期：通过计算机系统实现以发票管税

根据金税一期工程的经验，国家税务总局重新确定了金税工程的总体设计方案，着重解决两个问题：一是信息的真实性问题；二是将金税工程覆盖到全国所有地区的一般纳税人。吸取金税一期的经验教训，1998年启动了金税二期工程。此税制体系以增值税为主体税种，以专用发票为主要扣税凭证。

金税二期由增值税防伪税控开票子系统、防伪税控认证子系统、增值税稽核子系统、发票协查信息管理子系统四大系统组成，并于2001年7月1日在全国全面开通。其从发票入手，利用计算机系统，从开票、认证、交叉稽核和协查四个维度有效打击了违法犯罪行为，增加了税收收入。

三、金税三期：开启数据管税时代

2001年5月14日，国家税务总局向国务院提出金税三期建设设想。2002年8月5日，《国家信息化领导小组关于我国电子政务建设的指导意见》（中办发〔2002〕17号）提出，加快12个重要业务系统建设，即"继续完善已取得初步成效的办公业务资源系统、金关、金税和金融监管（含金卡）4个工程，促进业务协同、资源整合；启动和加快建设宏观经济管理、金财、金盾、金审、社会保障、金农、金质、金水等8个业务系统工程建设"。金税工程被纳入我国电子政务建设的"十二金"工程，金税三期正式拉开序幕。经过十多年的发展，2016年10月，金税三期在全国全面上线。

金税三期工程的总体目标是实现"一个平台、两级处理、三个覆

盖、四类系统"。"一个平台"指包括网络硬件和基础软件的统一的技术基础平台；"两级处理"指依托统一的技术基础平台，逐步实现数据信息在总局和省局集中处理；"三个覆盖"指覆盖所有税种，覆盖所有工作环节，覆盖各级国地税机关并与相关部门联网；"四类系统"指以征管业务为主，包括行政管理、外部信息和决策支持在内的四大应用系统软件。

金税三期基本涵盖全部税费征收管理和数据分析利用业务，分为征收管理、决策支持、纳税服务、外部信息交换四类业务。具体包括登记、认定、优惠、证明、申报、征收、发票、票证、评估审计、稽查、法制、综合12个业务领域，以及车购税专题、社保费专题、出口退税专题、非居民专题、特别纳税调整专题、个人税收专题6个业务专题。

金税三期工程在广东、山东、河南、山西、内蒙古、重庆6个省（区、市）级国地税局先行试点，然后被推广到全国。这项具有重要战略地位的国家级信息系统工程，融合了税收业务变革和技术创新，开启了数据管税时代，具有六大特点，如表1-1所示。

表1-1 金税三期的六大特点

特点	含义
运用先进税收管理理念和信息技术做好总体规划	运用流程管理理念规划征管系统，直接使用工作流工具，增强征管系统的适应性，有效支持业务由职能导向转变为流程导向，由结果监督转变为过程监督；运用税收风险管理理念规划管理决策系统，并与征收管理、行政管理系统进行有效衔接，提高信息应用水平；运用面向服务的理念、技术整合行政管理系统，把已开发的应用软件以松耦合方式整合到行政管理系统中，实现信息共享
统一全国征管数据标准、口径	通过对税收元数据的属性定义，保证数据项标准、口径的唯一性；通过规范数据采集方式和标准，实现涉税信息的"一次采集，系统共享"，并为涉税信息的拓展应用奠定基础

续表

特点	含义
实现全国征管数据应用大集中	逐步建立以总局为主、省级为辅的全国征管数据应用大集中模式，并建立第三方信息共享机制，实时、完整、准确地掌握纳税人的涉税信息和税务机构、人员情况
统一国地税征管应用系统版本	实现全国国地税征管应用系统的版本统一；应用系统将在统一技术基础平台的基础上，增强开放性、灵活性和可动态配置，充分适应国地税的业务管理和技术发展需要
统一规范纳税服务系统	通过统一规范总局、省局的纳税服务渠道、功能，建设全国的纳税服务系统，为纳税人和社会公众提供统一、规范的信息服务、办税服务、征纳互动服务
建立统一的网络发票系统	通过建设统一的网络发票管理、查询等系统，制定网络发票开具标准和赋码规则等相关制度，及时获取纳税人开具发票信息，与申报信息分析比对，促进税源管理；为纳税人提供发票信息辨伪查询；逐步实现发票无纸化，最大限度地压缩假发票的制售空间

第四节　金税三期的大数据稽查企业涉税风险

金税三期税改的逻辑就是让发票数字化，助力企业财税升级。金税三期的上线给企业安装了无形的监控与电子眼，企业账务风险、发票风险、预警风险越来越大，税务稽查已经由传统的"人查""账查"全面进入了大数据税务稽查时代。

一、数据管税对企业税务的影响

随着金税三期的逐步完善与全面推广，税务机关的职能已从事前事中的监管逐步转变为事后的监管，通过所掌握的强大丰富的数据对纳税人实行数据管税。这将对企业税务产生下列影响：

（1）随着金税三期的推广和应用，金税三期产生的数据会慢慢被税务机关利用。由于我国有协税制度，所以多部门可以使用共同的数据。

（2）随着金税三期的使用，网上报税的 VPDN 逐步被互联网报税系统替代，这样系统自动报税将成为可能，从记账凭证的填制开始，到会计核算，再到报表的生成、网上报税，可以实行全自动模式。

（3）金税三期推广后，除了工资和一些结转凭证的原始凭证外，剩余的原始凭证可以直接从系统中调取。

（4）金税三期对增值税专用发票采用的是全要素认证，这样发票在企业之间就会必然有逻辑相符的印证，以后虚开和模糊开发票必然会遭到稽查。

（5）金税三期实行后，企业无纸化财务将会逐步推广，数据共享是必然，会计工作量会大大减少，这样大量的会计人员会转型到财务，在企业内部做专项核算，很多企业会最终推行责任核算。

（6）金税三期的应用也要求会计防范风险从事后转到事前，迫使很多企业财务人员去熟悉业务，走上与业务相结合的道路。

二、数据比对看到的企业涉税风险

税务机关通过数据对纳税人实行数据管税，其中非常重要的两个数据来源就是企业的财务报表与申报表。那么，通过财务报表与申报表的数据比对，可以看到企业的哪些涉税风险呢？

第一，税负率。税负率的高低体现了企业缴税的多少，是税务机关最关注的指标。税负率高，意味着缴的税多；税负率低，就被认为纳税不正常。所以，在合法的情况下，达到平均税负率即可，没必要太高，但也不能太低。如果企业发现税负率太低，低于同行业平均水平，就要立刻自查，看看究竟是什么原因。

第二，不同税种之间的逻辑关系比对。例如，流转税与附加税的比对；个人所得税申报的工资薪金收入与企业所得税申报表中的工资薪金的比对；企业所得税申报收入与增值税申报收入的比对；企业所得税申报表中体现的技术转让收入与申报技术转让合同印花税的比对；当期增值税申报表中的不动产进项抵扣与申报房产税及土地使用税的比对等。

第三，报表数据与申报数据的比对。例如，商贸、工业收入额大，却未申报购销合同印花税；运输企业有收入，却未申报运输合同印花税；企业报表体现实收资本或资本公积的增加，却未申报资本金账簿印花税等。

第四，财务报表指标体现的涉税问题。例如，货币资金金额大，其他应付款金额大或短期借款金额大，说明企业资金充裕，那么为何不偿还债务？应收应付、预收预付往来款金额大，说明可能存在账外经营或虚开发票等现象；其他应收款金额大，说明可能存在关联方往来的利息确认问题等。

事实上，金税三期全面实施后，税务机关还可以从银行、海关、工商部门等获取各种数据。在这个大数据时代，偷税漏税的企业没有未来。

第五节　金税工程对企业纳税管理的影响分析

金税工程是我国税务管理工作的一个重点，通过建立一体化信息平台，实施大数据分析，可以进一步规范税务机关的征管行为和企业的纳税行为，发挥良好的互动管理作用。金税三期上线后，税收征管环境将越发规范与严格，企业要充分认识金税三期工程带来的纳税环境变化，努力提升对涉税风险的管控能力。

一、对纳税申报流程的影响

在金税三期实施以前，企业办理税务事项通常要涉及国税局、地税局、发票认证等多个平台，有的业务还需要到税务局业务大厅上门办理，如果资料不齐全，还需要往返于企业和税务机关，税务事项办理效率相对较低。金税三期将国税与地税的纳税平台统一到一起，通过一个界面，企业就能完成企业税务管理涉及的申报、纳税等全部工作。金税三期平台上公布着税务公告、税务政策、咨询电话等信息，改善了用户界面，方便了企业纳税，优化了企业纳税申报流程。

二、对发票管理效率的影响

在金税三期实施以前，仅增值税发票系统就涉及开票系统、认证系统等多个系统，各系统的集成性不好，效率较低。金税三期实施后，通过系统集成与人工智能，大大提高了系统效率。例如，在发票票种核定业务中，系统会自动启动行政许可界面，进行相关的查询审定工作，税务机关的工作更加流程化，企业享受的税务服务更加高效。

三、对税收征管流程的影响

我国税收征管由税收征管法及实施条例具体明确，但在实务操作中，由于特殊情况较多，税务机关在处理企业涉税业务时，选择空间和行政余地相对较大，不利于税收监管的公正执行。金税三期将税收征管法相关要求嵌入系统，自动拦截一些违规行为，如在行政处罚中，金税三期将责令限改通知书和行政处罚决定书严格区分，需分别送达，并分别销号，实现了企业税收征管流程的规范化。

第二章

金税时代下的企业财税规范

随着金税三期的逐步完善与全面推广，税务机关的职能已从事前事中的监管逐步转变为事后的监管，通过所掌握的强大丰富的数据对纳税人实行数据管税。在这种形势下，企业需要了解增值税和企业所得税的核查与申报，努力达到金税三期对企业报税的要求并规范报税流程，企业财务人员必须管理好取得的发票和开出的发票。此外，企业老板要知晓财税问题，初创企业也要重视税务管理，在账务处理方面做好风险防范。

第一节　增值税和企业所得税的核查与申报

作为市场经济的主体，企业所面临的税费中占比最大的是增值税与企业所得税。税务机关核实增值税的主要依据是《增值税纳税申报比对管理操作规程（试行）》，核实企业所得税的主要依据是《纳税评估管理办法（试行）》。在这两个文件中，《增值税纳税申报比对管理操作规程（试行）》是税务总局于2017年10月制定的，原计划于2018年3月1日开始施行，但根据税务总局的通知，该规程的施行日期由2018年3月1日调整为2018年5月1日。

之所以会做出如此调整，可能是因为很多地方国税局的金税三期软件系统还没有跟上形势。为了保证该比对规则顺利实施，总局还在最新通知中明确要求，各地国税局要加强统筹协调，认真做好相关软件系统调试等各项工作，否则，可能还会再次推迟。虽然推迟到了5月1日执行，但《增值税纳税申报比对管理操作规程（试行）》的具体条款都是已经拟定好的。

下面，我们先来了解一下增值税与企业所得税的申报区别，然后看一下税务机关对企业增值税申报数据的核对及对异常情况的处罚，最后看一下税务机关对企业所得税纳税申报的比对与核查。

一、增值税与企业所得税的申报区别

增值税一般是按月（或按季）申报缴纳，税额依托于增值税发票，除了增值税专票、普票等带"增值税"的发票外，其他发票其实也是增值税发票。企业只要用开具出去的发票（销项）减去取得的发票（进项）再乘以相应的税率，就能准确地计算出每月要缴纳的增值税税额，公式为：

每月要缴纳的增值税税额 =（开具出去的发票 – 取得的发票）
×相应的税率

企业所得税需要先按月（或按季）预缴，次年初（1月1日至5月31日）再对上年全年预缴的所得税进行汇算清缴。企业每月缴纳增值税和预缴所得税的方式就是"纳税申报"，即填写相应的纳税申报表申报到税务机关并缴纳税额。在这个过程中，有些企业会将税额算错，因此税务机关会对企业申报的数据进行核实。

二、税务机关对增值税纳税申报的比对与核查

企业计算增值税税额的依据是开具和取得的发票差额，所以税务机关会对企业的所有发票、纳税申报表和缴纳税款进行票、表、税比对，

其涉及的资料如下：企业填报的纳税申报表及其附列资料；企业对外开具的增值税专票与普票；企业取得的普票和进项抵扣凭证（专票和海关专用缴款书）；企业的税款入库信息；企业满足的增值税税收优惠信息。

票、表、税这三项的两两比对具体为表表比对、票表比对和表税比对。

1. 表表比对

所谓表表比对，主要是看企业的纳税申报表表内、表间的勾稽关系、逻辑关系是否合理。填写纳税申报表时，企业要根据自己的实际情况和每个栏次的提示进行填写，没有的或不适用的不填。同时，要严格按照顺序填写，系统会根据已填内容自动生成一些数据，若价格顺序打乱，系统会报错。

增值税纳税申报表填报顺序依次是：《增值税纳税申报表附列资料（一）》（本期销售情况明细）第1至第11列；《增值税纳税申报表附列资料（三）》（服务、不动产和无形资产扣除项目明细）；《增值税纳税申报表附列资料（一）》（本期销售情况明细）剩余部分；《增值税纳税申报表附列资料（五）》（不动产分期抵扣计算表）；《固定资产（不含不动产）进项税额抵扣情况表》；《增值税纳税申报表附列资料（二）》（本期进项税额明细）；《本期抵扣进项税额结构明细表》；《增值税纳税申报表附列资料（四）》（税额抵减情况表）；最后根据以上填写数据填写主表《增值税纳税申报表》。

2. 票表比对

所谓票表比对，即比对企业当期的发票（其他凭证）与纳税申报表。小规模纳税人一般都无法取得专票，所以在票表比对时与一般纳税人的比对标准有所不同。税务机关对增值税小规模纳税人的票表比对标准如下：①当期开具的专票金额是否小于等于申报表填报的专票销售额；②当期开具的普票金额是否小于等于申报表填报的普票销售额；③申报表中的预缴税额是否小于等于实际已预缴的税款；④当期申报免税销售额的，是否有增值税优惠备案信息。

税务机关对增值税一般纳税人的票表比对标准要更加复杂和严格，具体体现在两个方面：

（1）销项比对。①当期开具发票的金额、税额合计数是否小于等于当期申报的销售额、税额合计数。②当期申报免税销售额、即征即退销售额的，是否有增值税优惠备案信息。

（2）进项比对。①当期已认证的进项专票上注明的金额、税额合计数是否大于等于申报表中本期申报抵扣的专票进项金额、税额合计数。②经稽核比对相符的海关进口增值税专用缴款书上注明的税额合计数是否大于等于申报表中本期申报抵扣的海关进口增值税专用缴款书的税额。③取得的代扣代缴税收缴款凭证上注明的增值税税额合计数是否大于等于申报表中本期申报抵扣的代扣代缴税收缴款凭证的税额。④取得的《出口货物转内销证明》上注明的进项税额合计数是否大于等于申报表中本期申报抵扣的外贸企业进项税额抵扣证明的税额。⑤依据相关凭证注明的金额计算抵扣进项税额的，计算得出的进项税额是否大于等于申报表中本期申报抵扣的相应凭证税额。⑥红字专票信息表中注明的应做转出的进项税额是否等于申报表中进项税额转出中的红字专票信息表注明的进项税额。⑦申报表中进项税额转出金额是否大于0。

3. 表税比对

所谓表税比对，就是比对企业当期申报的应纳税款与实际入库税款，看企业当期申报的应纳税款是否小于等于当期实际入库税款。当然，具体的比对方法和标准不止于此，各地税务局还会根据实际情况设置更多行之有效的方法。上述整个比对过程是由税务机关的金税三期系统和相应的专业人员共同完成的,一旦发现异常,就要对企业采取一定的惩罚措施。

针对比对过程中出现的异常情况,金税三期系统要视具体情形做出处罚处理。在申报比对过程中,一旦比对结果不符,就会远程锁上该企业的金税盘或税控盘,企业财务将无法正常运行,开不了发票。

针对比对结果不符的情况,税务机关会派一名异常处理岗人员与企业联系,核实导致不符的原因。

(1)若异常处理岗人员发现仅因相关资格未备案(或其他非逃漏税情形)造成比对不符的,将会对企业税控盘进行解锁。

(2)若异常处理岗人员核实后认为不能解除异常的,税控盘继续被锁,并由税源管理部门做下一步核实处理。

(3)若税源管理部门核实后认为可以解除异常的,将会对企业税控盘进行解锁。

(4)若税源管理部门核实后发现企业涉嫌虚开发票等行为,并经稽查部门分析判断符合稽查立案的,该比对异常将转交稽查部门处理,税控盘继续被锁。

(5)经税务稽查部门处理并做出相应处罚后可解除异常的,将会对企业税控盘进行解锁。

这种处罚力度很大,申报比对标准也非常严格,对于经营管理尚不成熟的中小微企业来说,每个月都可能被比对出异常,次次被锁税控盘。遇到这种情况时,企业可以向税务机关申请进入白名单。各地税务机关会将征收方式、发票开具等业务存在特殊情形的企业列入白名单管理,然后根据实际情况确定不太严格的申报比对规则,不会轻易锁上企业的税控盘。

三、税务机关对企业所得税纳税申报的比对与核查

对于企业所得税纳税申报的比对,如前所述,税务机关核实企业所

得税的主要依据是《纳税评估管理办法》。税务机关会根据该文件的标准，运用数据信息比对分析的方法，对企业所得税申报情况的真实性和准确性做出定性与定量的分析。

与增值税涉及的主体一样，税务机关仍然要借助金税三期系统和相关专业人员（纳税评估管理员）对企业所得税的申报数据进行比对，大致如下：

（1）金税三期系统一旦发现企业申报数据出现错漏，就会自动预警。

（2）纳税评估管理员将企业申报数据与其财务会计数据进行比较。

（3）纳税评估管理员将企业申报数据与同行业相关数据或类似行业同期相关数据进行横向比较。

（4）纳税评估管理员将企业申报数据与历史同期数据进行纵向比较。

（5）纳税评估管理员参照金税三期预警值分析税种间的关联关系及其异常变化。

（6）纳税评估管理员将企业申报情况与其生产经营实际情况相对照，分析其合理性。

纳税评估要注意通过对纳税人主要产品能耗、物耗等生产经营要素的当期数据、历史平均数据、同行业平均数据以及其他相关经济指标进行比较，以推测企业实际纳税能力。当然，税务机关制定的这些标准只能作为参考，在具体的比对中税务机关会根据实际情况进行比对标准的调整。

第二节　金税时代企业报税要求及报税流程

之所以要建立金税工程，目的是有效防止不法分子利用伪造、倒卖、盗窃、虚开专用发票等手段进行偷、骗、逃国家税款的违法犯罪活动。

国家在纸质专用发票物理防伪的基础上，引入现代化技术手段，强化了增值税征收管理。金税三期最重要的就是实现了国地税和其他部门的联网，在全国统一了税收征管及相关税务系统软件，不再是各地各自为政，有效降低了数据利用的难度。

一、金税时代企业报税要求

根据金税三期系统对各税种申报表的要求，企业所得税、个人所得税、房产税、城镇土地使用税、车船税、印花税、资源税、烟叶税、土地增值税、契税、耕地占用税、社保费必须使用专用申报表进行申报，增值税、城建税、教育费附加、地方教育附加、水利建设基金、残疾人就业保障金、工会经费、文化事业建设费、价格调节基金等税（费）种可选择使用通用申报表进行申报。

下面来看看私营企业该如何报税。若私营企业想要在2018年缴纳税款，那么需准备哪些材料？如何报税？

报税材料包括：纳税申报表；财务会计报表及其说明材料；与纳税有关的合同、协议书；税控装置的电子报税资料；自核自缴税款的《税收通用缴款书》的报查联和收据联；外出经营活动税收管理证明和异地完税证明；境内或者境外公证机构出具的有关证明文件；税务机关规定应当报送的其他有关资料、证件。

二、金税时代企业报税流程

纳税申报是企业至关重要的一个环节，从企业注册成功之日起，每个月都要报税，即使公司没有业务，也要做零申报。一般来说，纳税申报流程包括纳税登记、税务认定、发票办理、纳税申报和完税证明这五个方面，如表2-1所示。

表 2-1　金税时代企业报税流程

事项	含义
纳税登记	即纳税人去税务机关登记报道。法律规定，企业在领取营业执照后 30 天之内，带上相关证件和材料去税务机关办理税务登记，税务机关收到企业的相关材料后，自申报日起 30 天之内审核并发放企业税务登记证
税务认定	确认纳税人是一般纳税人还是小规模纳税人，确认对企业征收税款的方式是查账征收、核定征收还是代扣代缴等，这些都是单位和税务机关共同决定的
发票办理	根据相关法律规定，已经核税的企业可以向税务机关购买税控盘领购发票，依据公司业务开具发票
纳税申报	报税的方式一般分两种，即网上申报和上门申报。网上申报可直接登录当地税局网站，进入纳税申报系统，输入税务代码、密码后进行申报；上门申报可填写纳税申报表，报送主管税务局
完税证明	在企业成功纳税以后，在税务大厅可以收到完税凭证；如果是网上报税，可以向税务机关要求提取完税证明

报税的方式多数选择网上申报，对此，有些事项需要注意：

（1）抄报税。要在征税期内登录开票软件进行抄税，并通过网络抄报或直接到办税厅抄报，还需要向税务机关上传上个月的开票数据。

（2）注意报税时间。纳税申报必须在规定的期限内进行，申报成功之后，需要通过专门的税银联网进行实时缴税。

（3）清卡或反写。在申报纳税成功后，需要再次登录税控系统进行清卡或反写，以查漏补缺，确认缴税成功。

第三节　财务人员应管理好取得和开出的发票

金税三期在全国范围内上线后，税务总局"一个平台、两级处理、三个覆盖、四个系统"的总体目标完美实现。"金三"系统的功能非常强大，企业的任何事项和数据都会被税务局的大数据和云计算平台收录、检查。

企业财务人员在发票的开具与取得方面，应严格按照增值税的规则处理，这样才能避免企业陷入税收风险。

一、发票所记业务必须是真实的

企业的任何事项都会留下记录，金税三期的大数据会对企业的资金流、票据流等进行追踪。只要大数据系统将企业纳税人识别号作为起点，追查同一税号下的进项发票与销项发票，企业是否虚开了发票、是否购买了假发票入账等都会一目了然。

另外，随着《国家税务总局关于走逃（失联）企业开具增值税专用发票认定处理有关问题的公告》（国家税务总局公告 2016 年第 76 号）的颁布，对于走逃（失联）企业的惩处力度越来越强，企业应全力规避此类涉票问题。因此，企业财务人员必须严格把控发票所记载业务的真实性，明确与谁发生业务、与谁产生发票往来等问题，不接受虚开代开发票，不虚开代开发票。

需要强调的一点是，真业务，虚发票，也是绝对不允许的。在实际工作中，有企业接到税务局关于失联票协查的通知时往往振振有词，说："我的业务是真实的，我也不知道开票单位有问题。"其实这些都是借口，税务机关不会听信这些话，正所谓无知不等于无过。

二、严格审查发票的票面信息

发票所记载的产品名称、规格型号、数量金额等，要与业务内容相吻合，不允许出现换开产品名称等情况。

收到发票时，只关注发票总额正确与否是极错误的行为，要仔细审查发票记载内容的所有信息，以免被开票方算计。

如果发票记载事项需要清单来反映，清单必须是税控系统开具的。防伪税控系统外开具清单的发票属于无效发票，不仅不能抵扣进项税额，在所得税汇算清缴时，也要当作无效发票做纳税调整。

三、保存好完整的涉发票资料

涉发票资料包括：与发票有关的合同；完整的发票联次（发票联、抵扣联）；符合要求的付款记录；完善的物流资料；正规的出入库手续等。

总之，企业财务人员只要做好以上几项工作，做到"真事、真票、真内容"这"三真"，就能坦然面对任何预警与质疑，安心做好财务核算和管理工作。

第四节　金税时代企业老板必须知晓的财税问题

税务问题对于公司来说是很重要的，逃税、漏税等都会引来税务局的关注。那么，税务局是如何发现企业纳税漏洞的呢？作为企业老板，应该知晓哪些财税问题呢？下面分别来看一看。

一、税务局查账可发现企业涉税风险

为什么企业不管怎样偷税，税务局都能知道？因为企业需要缴纳的税金与其经营情况密切相关，公司赚得多，缴的所得税就多。如果企业隐瞒其真实的经营状况，税务局就会发现企业的违法行为。以发票为例，营改增后，上下游企业环环相扣，增值税已经形成一个闭环。不管

企业如何避税，只要发票环节出现问题，金税三期背后的大数据就一定能查到。

如今，我国的税务部门正从"以票控税"向"信息管税"进行改革，加上大数据系统的崛起，不管企业怎样避税，只要违法违规，都能被税务部门查到。

以下九个比对项目，就是税务部门发现企业少缴税款的重要途径（见表2-2）。

表2-2 税务部门发现企业少缴税款的九个比对项目

事项	含义
税负异常	每个地区、每个行业都有自己的税负平均值，如果低于下限60%的话，就可能引起税务预警
发票多次增量	很多企业基本都是突击增量后大量虚开发票，然后走逃。很多企业取得这样的发票都是有问题的，有可能被税务稽查。具体来说，发票增量2次以上、超限量25份以上的纳税人都需要被严格审查
财务和法人信息比对	现在各地都已经进行办税实名制认证了，对所有企业的法定代表人和财务负责人都进行了身份证信息的采集，只要出现税务违规，相关的所有企业都要被预警。在这里提醒会计，离职时一定要去税务机关办理会计信息变更，一定要远离发票违规企业，否则后患无穷
耗用的水电费与销售收入比对	这也是一个非常好的指标，因为其他的成本费用都可以虚开，而水电费是不容易取得虚开发票的。只要公司的水电费发票金额很大，但是公司的产出比不符合常规，那就有可能存在偷税行为
个税申报和所得税工资薪金比对	如果汇算清缴申报的工资薪金和每月申报的个税工资总额不一致，地税一定会对公司进行税务检查
进项和销项绝对不能太离谱	现在全面实行商品分类编码，以后所有企业的进销项都要通过数字编码在系统里识别。如果进项和销项大类不一样，而且比例差异太大，则税务一定会检查

续表

事项	含义
连续六个月零申报	严格来说，零申报本身就是有问题的，一个企业长期没有收入的话，就不叫企业了。现实中有的企业连续四个月零申报就被税务部门抓住了，这就是实证
税控系统中的行业和税务局备案的行业不一致	很多公司成立的时候在税务局备案的是一个行业，后来可能更改为其他行业了，但只是在税控系统更改了，税务局里还是原来备案的行业，所以一定要查一下自己的企业是否在税务局正确备案
法人账户与公司账户的联查	这是针对企业有虚开行为的。如企业的法人银行账户收供应商虚开发票回款是税务稽查资金流的常用手法

二、企业老板必须知道的十个财税问题

企业老板最大的风险是税务风险。作为企业老板，关心国家政策很重要，特别是金税时代的政策。在金税时代，老板一定要知道以下十个财税问题。

（1）公司成立之后不管有没有开始经营，税务局、工商局都认为已经开始经营了，所以公司要有自己的账本，并开始履行纳税申报义务。

（2）所设账本不是自己记的流水账，而是符合要求的会计账簿，并附上符合规定的凭证。因为需要专业的会计人员来做，所以不少中小企业在请不起会计的情况下，选择代理记账公司。

（3）记账和报税是两件事，但相互关联。公司要根据税务机关核定的税种在规定的期限内进行申报。报税和缴税也是两码事，报了税不一定要缴税。

（4）即使是没有经营也没有开票的公司，也得报税，这时可以选择零申报。但是长期零申报会被纳入风险监控，而且六个月不经营，工商局会吊销营业执照。

（5）不是只有零申报才不用缴税，月销售额在10万元以内的都暂免缴纳增值税，但前提是要记账，而且按时申报。

（6）一个公司涉及的税种不止一种，常见的有增值税、企业所得税、印花税等。特别是企业所得税，每年5月底有一次汇算清缴，这既是企业计算上一年有没有盈利的重要过程，也是税务局稽查的重点。

（7）经过了营改增、金税三期、开票系统升级，税务机关对发票的检查力度空前加大，所以企业千万不要买发票，更不要虚开、虚抵发票。

（8）即使企业不想买税控设备，不会用开票系统，也能给客户提供发票，小规模纳税人可以申请国税局代开发票。

（9）根据发展需要，可以购买税控设备，请代理记账公司帮忙开票；也可以申请一般纳税人，进一步开拓业务，通过进项税额抵扣来少缴税款。

（10）只有一般纳税人才能开17%的增值税专用发票，享受进项税额抵扣，而小规模纳税人通常只能开3%的增值税普通发票。另外，刚成立的公司就可以申请成为一般纳税人，所以如果有需要，要尽早申请。

第五节　金税时代初创企业要避免的财税硬伤

虽然金税三期已经上线一段时间，但对于很多初创企业来说，由于前期缺少专业财务人员和基础规划，往往会面临不少财税风险，如多缴税、不了解稽查风险点等，这些都是初创企业需要关注的问题。

一、企业容易忽视而导致多缴税的情况

初创企业之所以多缴税，主要是因为对税务管理不够重视，如未实施税务谋划、税收优惠没用足、管账处理不当、公司放弃权益等。在实

务中，多缴税的情况主要有以下几个方面，如表2-3所示。

表2-3 初创企业容易忽视而导致多缴税的情况

事项	含义
因为没有生意就没有进行纳税申报	根据相关法律法规，营业执照批下来后，不管有没有赚钱，也不管有没有生意，企业每个月都要根据运营情况做账，然后根据账本向税务局做税务申报。现在小规模企业一个季度的开票量如果不到9万元的话，可以进行零申报。零申报办理起来比较简单，但如果不办理，企业将会面临2000元的罚款。需要注意的是，如果长期零申报，可能会被税务机关纳入重点监控范围，若发现不实情况，将会被税务机关依法查处
没有理解增值税税率与进项税税率	例如，图书销售的增值税税率是9%，即只要企业是一般纳税人，销售图书的税率就是9%。如果某图书销售公司符合一般纳税人的条件，但该公司拿到的印刷图书的进项发票税率是13%，则在缴税时，该公司仍然按9%的税率抵扣13%的税率，因为行业性质决定了增值税税率，与进项税的税率是多少无关
合同作废后忘记纳税	企业在日常经营过程中必然要与外界签订合同，即使中间发生意外，双方废止了合同，也是需要完成印花税缴纳义务的
不拿发票	税务机关实施"以票控税"，企业所有的支出都要取得合法凭证，否则不能税前列支。能够取得合法凭证（发票）成了企业节税的重要方法。但有些企业不以为意，当对方以优惠为名，诱导企业不开发票时，有些企业就会同意，这样做其实是吃亏的。例如，某公司购买1000元的办公用品，如果不开发票只需付900元，而如果开发票则需付1000元。表面看起来，不要发票可以为企业节省100元。然而现实的情况是，如果多付100元，企业的所得税就可以少缴330元；如果少付100元，企业的所得税就要多缴330元。拿不拿发票的区别一看就明白了。所以，企业人员一定要记住：不拿发票就会多缴税

二、增值税抵扣过程中的十个稽查风险点

企业在进行增值税抵扣时，要注意以下这十个风险点，否则小心被稽查。

第二章 金税时代下的企业财税规范

（1）企业是否利用免税农产品销售发票或收购发票进行人为虚假抵扣、增大进项。

（2）企业是否利用大量虚列过路过桥费等通行费发票虚假抵扣增值税。

（3）企业既有简易计税项目又有一般计税项目，但是否人为地把简易计税项目取得的进项税擅自转移到一般计税项目进行虚假抵扣。

（4）企业是否大量虚列会务费、培训费、办公费、住宿费、咨询费、服务费、运输费等并未真实发生的费用项目，通过取得增值税专用发票来虚假抵扣。

（5）企业是否存在不该抵扣却抵扣了增值税的项目，如个人消费、集体福利、加工修理修配劳务、无形资产、不动产、贷款利息、餐饮服务、居民日常服务、娱乐服务等。

（6）企业在购销货物过程中是否存在进销品名严重背离的情况，如大量购进 A 品名的货物，却是在销售 B 品名的货物，以及未按照规定正确选择税收分类编码或者适用编码错误。

（7）企业在购进货物的过程中资金流向是否与发票流、货物流一致，如从 A 公司购进大宗商品，却一直通过大笔现金支付而没有公对公打款，或者从 A 公司购进大宗商品，却把货款支付给 B 公司。

（8）企业是否经常对开增值税专用发票，或者大量存在两头在外的商贸企业，或者大量存在闭环开票的情形。

（9）企业取得的抵扣凭证是否因证据链不足而导致抵扣不实，如取得"办公品"的专票却没有销售清单，取得大额"服务费"的专票却没有服务合同，取得大额"会务费"的专票却没有会务安排与纪要等。

（10）企业新增不动产或者不动产在建工程取得增值税专用发票后是否按照税法规定分两期进行了抵扣，是否进行了正确的账务处理与纳税申报，是否建立了增值税分期抵扣的台账。

三、金税时代账务处理的风险防范

"金三"系统上线后，税务系统内有数据勾稽、预警分析，初创企业应注意以下风险，规范自己的账务处理。

（1）公司没有工会却计提了工会经费。发生支出时，没有取得工会组织开具的专用凭据。进行所得税汇算时，这将被调整。

（2）跨年度列支费用，如上年12月的票据拿到本年来列支。

（3）不按标准计提折旧。

（4）制造企业结转完工产品成本、销售成本时，无相关附件，或者存在随意性，不能自圆其说。

（5）以现金支付工资时，无相关人员签字。

（6）工资名单与社保名单、合同名单不一致。

（7）商业保险计入费用，在税前列支。

（8）生产用原材料暂估入账，把进项税额也暂估在内，虚增成本。

（9）过期发票、套号发票、连号发票、假发票等入账列支费用。

（10）货款收回后，挂在往来科目中，长期不确认收入。

（11）对非正常损失材料、非经营性耗用材料，没有做进项转出。

（12）捐赠、发福利等视同销售行为，没有确认销售收入。

（13）将福利性质旅游和奖励性质旅游混在一起。前者属于福利费，后者属于工资性收入。

（14）非本公司人员在本公司报销费用，如帮助客户、领导、外部专家报销机票、旅游开支等。

（15）总公司与子公司、分公司之间的关联关系没有撇清，存在价格转移，被税务局要求按市场定价确认收入。

（16）对打折销售、买一送一、销售返利等处理不当，导致增加税收。

（17）股东借支长期不归还，被视为变相分红，要求缴纳个人所得税。

（18）借款给关联企业，但不收利息，或者利息不入账，不入账属于隐瞒收入。

（19）固定资产没有取得正规发票，则折旧和摊销额不能税前列支。

（20）费用项目混淆。业务招待费、广告宣传费、培训费、福利费等有扣除限额的费用是重点检查项目。

（21）关联法人之间无偿划转资产，均要视同销售或租赁，确认收入纳税。

（22）应收、预收、应付、预付等科目存在虚假户头，并且长期挂账，可能牵出"两本账"。

（23）非生产经营性资产，如员工上下班接送班车，不得抵扣进项税。

（24）非公司名下车辆，其费用不得在公司报销列支（租给公司的除外）。

（25）宣传活动赠送礼品，须代扣代缴个税。

（26）差旅费用、招待费用等少得可怜，明显与公司规模不符，提示可能因为现金流不足，有大量费用没有入账，或者有大量白条费用进入了"另一本账"。

总体来说，初创企业在经营过程中切莫弄虚作假，否则税务局的处罚很可能超过公司赚的那点钱。在这里建议初创企业加强现金管控，对相应的内控制度、内部管理体系都应该支持，以避免更多的舞弊情况发生。

第三章

金税时代企业税务风险的识别与控制

企业税务风险是因涉税行为而引发的风险，主要包括企业的涉税行为不符合税收法规的规定，以及企业因没有用足用活有关税收政策而承担了不必要的税收负担。在金税时代，企业应该识别税收风险，明确金税三期对企业纳税的合规要求，尤其要提高企业税务风险管理水平，在企业内部搭建税收风险控制体系，建立税务风险的预防性控制机制和发现性控制机制。只有这样，才能对税务风险进行有效控制。

第一节 金税时代企业七大税务风险的识别

合法足额纳税是企业生产经营管理不容忽视的一项重要原则，以此为界线，超过它或低于它，都会给企业带来税务风险：超过它，企业就要承担不必要的税务负担；低于它，企业就要面临补税、罚款、加收滞纳金、刑罚等风险。

金税三期的全方位监控，以及企业老板、高管、财务人员对相应税规理解程度的有限性，使企业合法足额纳税的基本线处于不断变动中。可是即便如此，企业要想在竞争激烈的市场中谋求立足之地，还是要尽量规避以下七大税务风险。

一、退换货后原发票未收回

企业在经营过程中,有些货物已经销售并开具发票,但已销售的货物因某种原因出现了退换货等情况。换货后,如果还用原来开的发票,就要分两种情况来对待:①若换的货物一样且在同一个报税周期里,可能不会出现大问题;②若换的是其他货物,可能被查出与发票商品类型不一致,这就是潜在风险。

有些企业在经营的过程中,收到退货或换货要求后,为了减少不必要的麻烦,只要金额能对上,原来的发票就不管了,这就要冒很大的风险。退货时如果发票该作废却没有作废,被别人拿去使用,一旦被查到,就要出问题。所以,有了退换货,一定要收回原发票。

二、超限量领用专票

目前,税务机关系统对发票增量2次以上、超限量25份以上的纳税人都会进行预警,显示发票领用异常。预警后,税务机关会先限制企业继续超限量领用发票,然后需要企业做出解释和证明。毫无疑问,这样下来,企业的业务必然会受到影响。

因此,如果企业的业务确实很好,税务机关规定的发票数量不够用,那么就应该带相关资料和证明去税务机关申请修改每月的发票领用上限,这样发票就够用了,而不是总去申请超限量领用发票,从而避免这部分的税务风险。

三、海关专用缴款书抵扣异常

海关专用缴款书抵扣异常包括比对结果不符、缺联、重号、滞留等。出现这些情况后,需要在一定期限内修订错误信息或者由税务机关进行核查。如果情况复杂，在规定期限没搞清楚，那么这部分进项税额将不能抵扣。

例如，涉及海外业务需要走海关时，有些企业会请相应的进出口代理公司来处理，不专业的代理公司会给企业制作一份假的海关专用缴款书，与真的一模一样，滥竽充数，而真的那份早就卖给别人做抵扣了，等企业去认证抵扣时就会显示重复。因此，一定不要拿到假的或错的海关专用缴款书。

四、行业税负率过低

税务机关会根据当地各行业各企业每年的增值税缴纳税负率，计算该行业的平均税负率。一般来说，该行业的企业都会在这个平均值附近缴税，不会差得太多。如果差得太多，"金三"系统就会预警。所以，如果是因为逃税漏税而差得太多，那肯定是逃不过的，但如果是因为其他原因，最好提前向税务机关报备，说明缘由。

五、取得失控发票

一般来说，如果企业老板走逃或严重逾期未报税，那么公司发票包括开具出去和还没有开具的全都会被定为"失控发票"。按照规定，取得失控发票的企业一律先做进项税转出，不予以抵扣。

例如，某市国税局发出一份《已证实虚开通知单》，缘由是该市某空壳商贸企业在无任何资金流动迹象的情况下，于2017年11月18日至2018年3月20日期间，向下游的两个企业累计开具了50多份发票，涉及金额460多万元。当地国税局税务分局对该事项进行核实后发现，该企业的实际控制人早已走逃失联。于是，这50多份发票就成了失控发票。这时，当地国税局将这些发票列入异常增值税扣税凭证，同时向该企业下游企业所在地的国税局发出了《已证实虚开通知单》。该企业下游企业所在地的国税局通知这两家下游企业不能用这些发票进行进项税抵扣。

取得失控发票会让企业赔了夫人又折兵，即使是从头到尾不知情的，也会受到上游企业的牵连。因此，为了避免取得失控发票，一定要对合作伙伴多了解一些。

六、法定代表人和财务负责人未谨慎行事

现在金税三期已经搭建了企业和人员特征信息双比对预警模块，重点比对法定代表人、财务负责人等的各种信息。一旦法定代表人或财务负责人出现涉税异常信息，系统就会预警。

例如，有些企业老板同时是几家企业的法定代表人，几家企业都有业务往来，老板或财务人员觉得"反正都是自家的"，有的业务交易就不按照正常交易走，不开具发票。或许这是无心之举，客观上也能避税，可是一旦被金税三期大数据比对出来，几家企业肯定要被彻查，不仅会被处罚，企业日后的业务还将受到严重影响。另外，如果同时是几家公司的法定代表人，其中一家"关门"时，一定要正常注销，否则会影响在其他几家企业的法人资格，在报税或汇算清缴时都会遇到阻力。

因此，企业法定代表人或财务负责人在平时的签字、盖章、合作等事宜中，都要谨慎地对待。

七、长期零申报

企业一旦成立，即使没有业务往来也要报税，俗称"零申报"。零申报不是不申报，而是申报时选择"零申报"这个选项。并且选择后也不是什么都不用填写，只是填写的数据少一些。

零申报一般存在于注册之后还未开展经营的公司，或正在筹备清算注销的公司。少数特殊企业因初期准备周期较长（有的甚至长达两三年），准备期只是购买机器、原材料而没有发生应税收入，这种企业也需要零申报，但是长期零申报则需要得到相关部门的特殊批准。

很多企业刚成立时，老板没意识，财务没人员，不晓得没有业务也要报税，等受到处罚时后悔莫及。不过即使知道要零申报也不要以为就可以高枕无忧，后面还有风险。除非是以上所说的特殊企业，否则连续零申报超过 3 个月，或者虽然有间隔，但一年内有 6 个月都进行零申报，还是会被查账、被处罚。税务机关对长期零申报企业进行处罚时，首先会对企业进行纳税评估，查出零申报的原因，然后要求企业补缴税款、滞纳金，还要罚款。

有的企业老板可能会问：税务机关查账时，若查不出异常原因，是不是就不用罚款了？不可能！因为金税三期大数据的强大威力，即使企业做得面面俱到，甚至连一张发票都不往外开，全部账目走内账，所有资金走私人账户，金税三期还可以通过上下游企业的库存、账目、银行资金往来等，查出企业确实是有应税收入却与申报不符。这时，就不仅是补税了事了，处罚会更严重，甚至会被移送稽查处或公安局，或被吊销执照。因此，若企业没有应税收入，一定要零申报，但不要长期零申报。如果实在没办法需要长期零申报，一定要得到相关部门的特殊批准。

除了上述七大税务风险之外，企业还有很多其他方面的税务风险来源，如金税三期会从企业的收入、成本、利润、库存、银行账户和应纳税额等维度来对企业进行全方位的监控。若想进一步降低企业的税务风险，企业就应多多了解，尽量将企业税务风险降到最低，从而增加企业的纯利润。

第二节 如何应对金税时代下更高的合规要求

金税三期实现了对企业涉税信息的全方位监控,国税、地税之间,税务系统与其他部门之间实现了信息的及时交换,基本实现了企业涉税流程的线上管理,为纳税人提供了极大的便利。

同时,电子化管理处处留痕,企业的涉税信息清晰透明,企业潜在的纳税风险容易被发现,纳税人在享受金税三期为纳税申报带来的便利的同时,也应从以下四个方面着手来应对金税三期更高的合规要求。

一、梳理内控薄弱环节

企业应从源头上防范税务风险,对照现行税收法规,梳理税务内控薄弱环节并实施整改;同时,保证各部门之间信息沟通顺畅,确保对外部不同的政府部门提供一致的信息。此外,要加大对财务、税务员工的培训,确保财税人员熟练使用金税三期系统企业端,避免人为操作失误引发的税务风险。

在纳税申报方面,金税三期对企业纳税申报的规范性提出了较高的要求,企业纳税申报不规范或者虚假申报都会面临纳税风险。纳税人不仅要规范自身的纳税申报工作,还要重视日常各政府职能部门布置的数据填报工作,确保填报的数据真实,能够经得住信息交叉比对的考验。

二、完善发票管理机制

在企业的实际运营中,一旦发票管理不规范,必将面临较高的税务风险,甚至给企业带来损失。金税三期上线后,税务机关可以利用"网络爬虫"技术，通过推行电子底账逐一实时采集、存储、查验和对比发票的信息，从源头上防范偷骗税行为。

企业开具的销项增值税专用发票将在金税三期系统中与该企业取得的进项发票相互比对，一旦进销项间的商品名称及数量不能对应，就会受到税务机关的进一步追查。若发票开具信息不准确，则会导致企业无法正常提交申报，需要作废重开，给企业及其购买方造成一定的损失。虚开发票等行为更是无法逃过金税三期的检查。

企业应完善发票管理机制，将增值税发票的申领、保管、开具、抵扣等环节纳入规范管理。在采购环节，索取增值税发票时应仔细核对票面信息，以确保增值税进项税额的足额抵扣；同时，制定有效的内控手段，对供应商信息进行调研，对供应商资质进行严格审核，降低税务风险。在销售环节，开具增值税发票时应注意填入信息、商品服务归类和编码是否正确，以及在销售退回或折让等特殊事项中的发票开具是否符合税法规定。

三、重视风险评估

金税三期系统设定了风险识别点，通过高风险预警，协助税务机关筛查。现实中有一些现象值得注意：企业销售额增长较快，税负率反而下降；长期进项税额大于销项税额；购销对象较分散且变化频繁，往往大多只有单笔业务往来；经营活动中使用大量现金进行交易等。企业一旦被"金三"系统认定为高风险，其信息将会被推送到主管税务机关，从而给企业带来税收稽查风险。

因此，纳税企业应高度重视并维护纳税信用及在金税三期管理下的信用评级，要关注上下游企业的经营情况，选择优质的客户及供应商合作，规范财税管理工作，避免数据被系统识别为高风险，引来税务稽查。除纳税企业自身外，专业服务机构也可以协助企业评估税务风险，在稽查环节准备应对的相关材料，更好地应对税企争议，为企业争取更多的合法权益。

四、注意新老规定的衔接

目前，金税三期在运行中发现了一些新老文件衔接的问题。遇到此类问题时，纳税企业一方面要积极与税务机关沟通，了解重复提交材料是纯粹系统原因还是风险管理的新动向；另一方面要保证提供的新材料与以往已提供的信息保持一致，以免引起不必要的质疑。

第三节 金税时代企业如何提高税务风险管理水平

作为企业管理的重要组成部分，税务管理在规范企业行为、提高企业经营效益、规避税务风险方面发挥着重要作用。

随着"金三"系统在前两期基础上的再次升级，企业内部的税务风险管理越来越成为影响自身核心竞争力的重要因素。那么，金税三期新时代下的企业应如何提高税务风险管理水平呢？应该从以下四个方面着手。

一、提高对税务风险管理的认识

企业税务管理人员普遍存在风险意识薄弱的问题，这是制约企业税务风险管理发展的一大障碍。在"金三"系统再次升级的形势下，企业税务管理人员要切实增强使命感和责任感，统一思想，提高认识，积极探索，使税收风险管理在新时期税收征管工作中发挥排头兵的作用。

作为税务风险管理的主心骨，企业税务管理人员不仅要不断提升自身综合素质及专业水平，也要不断提高自身的风险意识，增强对风险的预知能力，最大限度地降低税务风险带给企业的损失，从而有效地促进企业税务风险管理的发展。为此，企业要为税务管理人员提供各种各样的学习渠道和方式，从根本上构建一支高素质的税务风险管理人员队伍，进一步推动企业的发展。

二、充分利用信息技术

作为企业税务管理人员，要充分运用现代信息技术，整合各类信息系统，逐步推动系统间的互联互通，加强数据管理。例如，积极与当地第三方涉税信息平台联系，努力做到涉税信息共享，建立健全信息获取机制。

要依托金税三期系统，以统一社会信用代码和自然人纳税人识别号为基础，建立标准统一、数据集中的税收信息库和自然人税收信息库，完善金税三期决策支持风险管理系统，不断提高税收风险管理工作在金税三期系统中的效果。

要充分发挥基层人员的工作主动性，拓宽渠道，多方采集纳税人申报纳税和生产经营的信息、互联网涉税信息，提高数据质量的应用水平，通过数据应用倒逼税收风险管理数据质量提升。

要培养大数据思维，实现管理理念、管理方式和行为习惯的根本性转变，推动税收风险管理能力的不断提高，使税收风险管理向现代化迈进。

三、设置税务管理架构与职责

通过设置合理的税务管理架构与职责，可以有效降低税务风险。

在设置岗位方面，公司财务负责人做税务管理总负责人，或者设置税务经理岗位直接向财务总监汇报。要设立专职税务管理岗位和人员，对各子公司开展的纳税申报、税款缴纳，以及账簿凭证和其他涉税资料的准备、填报和保管进行监督与审查。

在明确职责方面，税务管理岗负责处理以公司名义统一协调、解决的相关税务问题；负责收集和整理所在地区的最新税收政策，及时了解和熟练掌握国家有关财税政策的变化，并将与公司有关的重要税务政策变化归类汇总后，提交公司领导和各子公司，必要时还应组织相关部门开展培训；结合公司实际情况，认真研究、分析各项税务政策变化对公司的影响，并提出合理化建议。另外，各子公司税务管理岗负责与主管税务机关、税务稽查机关进行接洽、协调。

四、建设税务管理自查体系

在企业的发展过程中，常常会出现税务风险等问题。因此，在优化企业税务管理的过程中，要建设和完善企业税务管理自查体系，将风险扼杀在摇篮里，提高企业税务管理的效率与安全性。

首先，企业可以制定一套较为完善的自查制度，定期对税务管理进行检查，以便及时发现其中的问题。

其次，企业要对自身运营过程中的税费支出情况进行分析与对比，设立符合自身发展情况的税负率。这样就能将风险尽量地扼杀在摇篮里，保护企业的切实利益。

要提高企业税务风险管理水平，企业税务管理人员不仅要增强对税务风险管理的认识、充分利用信息技术、建设税务管理自查体系，还应学习税务风险管理的理论并关注相关的政策。只有这样，才能增强企业的税务管理水平，进而增强企业的软实力，巩固企业的竞争地位，实现企业的可持续发展。

第四节　金税时代企业税收风险控制体系的搭建

要想搭建企业税收风险控制体系，需要设立相应的税收风险管理组织机构，明确岗位和职责，形成企业税务内部控制环境；建立税务风险控制及应对的机制和措施，完善税务信息管理体系和沟通机制；建立税务风险管理的监督和改进机制。

满足了上面这些条件，企业就可以进一步着手搭建税收风险控制体系。在这个过程中，不仅需要梳理现有的业务模块，还要对各业务模块涉及的流程与制度逐一梳理，找出各业务环节的涉税风险点，并制定相应的税收控制措施。

搭建税收风险控制体系的具体步骤如下。

一、梳理企业现有业务模块及相关流程与制度

该步骤主要是了解和掌握企业所涉及的业务模块，在进行这部分工作时，要遵守全面性的原则，即不要有遗漏的业务模块。以制造业为例，其涵盖的业务模块一般包括采购、生产、销售、工资及福利、存货、资产、资金、投融资、期间费用、研究与开发支出、纳税申报、税收优惠等，部分企业可能也会涉及物流运输、进出口等模块，具体可根据企业的实际情况进行决定。

对涉及的业务模块进行梳理后，企业要按照现行内部控制体系整理各业务模块的流程与制度，收集相关的部门职责及关键岗位的岗位职责，保证后续修订的风险控制措施可以有效落实到岗位。

例如，对于制造业的采购业务模块，内部控制管理办法中一般包括供应商选择管理办法、采购价格审核管理办法、采购合同签订管理办

法、货物验收管理办法、质量检测管理办法、采购发票管理办法和采购业务财务核算管理办法等。

二、梳理内控体系的涉税风险点

梳理内控体系的涉税风险点是搭建税收风险控制体系最为重要的环节。只有找出企业现有内控体系的涉税风险点，才能依据风险的类型、重要性程度等因素分析和制定相应的控制流程。梳理内控体系各业务环节的涉税风险点时，需要关注业务发起时点、业务开展各环节、业务完结及财务入账各细节，以达到全面识别风险的目的。

以制造业采购环节为例，企业采购业务一般涉及的部门有采购部门、质量检验部门、价格管理部门、仓储保管部门、生产部门、税务管理部门、财务核算部门等，这些部门都要承担相应的职责。

针对采购业务，企业至少应当关注的税务风险有：采购业务是否选择具有相应资质的供应商；采购业务价格是否公允、合理；签订的采购合同是否真实有效，合同条款是否存在税务风险；取得的增值税发票是否符合税法规定；采购业务货物流、发票流、资金流是否一致；取得的增值税专用发票是否及时认证抵扣；入库货物型号、数量是否与合同及发票一致；采购过程的质量索赔处理是否符合税法规定；采购材料的入账成本是否包含运输费、装卸费等费用；材料损耗的涉税处理是否符合规定；应付账款的确认是否与采购合同、采购订单、入库单、发票等资料相匹配；确实无法支付的应付账款是否计入应纳税所得额。

三、明确业务部门的涉税职责

业务部门是企业具体实施税收风险控制体系的部门。针对各业务模块的主要风险，明确管理职责，落实管控要求，是保证税收风险控制体系最终落地的重要手段。

以采购业务为例，企业首先要明确与采购业务相关的各职能部门的涉税职责，可以依据采购业务的涉税风险点加以确定。具体来说：

采购部门的主要涉税职责有：①组织对供应商进行调查、研究、分析，收集供应商信息，建立并维护供应商数据库；②组织对供应商进行比较、推荐、考察、评审和选择；③物资采购计划的编制及管理工作；④对采购物资的采购发票、收料单、价格通知单等资料进行整理和传递；⑤付款资金计划的核对、审核工作等。

质量部门的主要涉税职责有：①参与新供应商评审及合格供应商质量评定工作；②负责采购物资的入库检验工作。

价格管理部门的主要涉税职责是：负责对各类外购物资进行核价及管理。

仓储部门的主要涉税职责是：负责采购物资的收料等仓储管理工作。

生产部门的主要涉税职责有：①负责业务范围内所采购物资的扫描收料工作；②负责对业务范围内发生的物资申领和劳务等的原始单据进行审核和传递。

税务管理部门的主要涉税职责有：①审核所签订采购合同的税务风险；②审核采购业务中的纳税调整。

财务核算部门的主要涉税职责有：①管理供应商的往来账户，办理与供应商的采购结算；②核对供应商单位的往来账目等。

四、制定税收风险控制流程

制定控制程序是实施风险控制的具体方式。企业识别出各业务模块的主要涉税风险后，要综合分析其影响程度和发生概率，对各风险业务进行排序，在综合成本效益的原则下，采取风险规避、风险降低、风险分担、风险承受等应对策略，制定可行性控制程序。

同时，要结合各业务模块的涉税职责，将控制程序落实到岗位，保证控制程序的有效运行。企业应针对梳理的主要涉税风险点，结合涉税部门的职责，逐一制定风险控制程序，将风险降低在管理层可接受的范围内，最终形成企业的涉税风险流程。

仍以采购业务为例来说明。

针对"采购业务是否选择具有相应资质的供应商"这个涉税风险点，企业制定的控制程序至少应该包括：①企业制定供应商选择评价制度并按要求执行；②采购部门关注供应商的一般纳税人资质。

针对"采购业务价格是否公允、合理"这个涉税风险点，企业制定的控制程序至少应当包括：①采购部门通知供应商报价并审核，将审核后的报价单传递至价格管理部门；②价格管理部门进行采购价格的审核，并将最终审核结果专递至采购部门和财务部门。

针对"签订的采购合同是否真实有效，合同条款是否存在税务风险"这个涉税风险点，企业制定的控制程序至少应该包括：①根据公司合同管理办法，涉及采购的合同应通过公司相关部门的授权审批；②相关合同条款需要经过税务管理部门的审核等。

五、保证税收风控体系有效运行

企业税收风控体系要想有效运行，必须具备以下三方面的特征：①管理规范完善并持续更新；②机构设置合理，人员能力匹配；③总结与反馈机制健全有效。

企业产生税收风险的主要原因在于企业内部，主要表现为不了解税法相关知识、纳税意识不强、企业不重视税收风险、经营过程表现随意、企业对税务人员不重视等。

有效运行的税收风险控制体系一定是建立在有效运行的企业内部控制体系的基础上。例如，企业是否能保证董事会与管理层的有效互动；企业是否与税收机关搭建起互通平台；高层管理人员对税务遵从协议的了解程度；税务管理部门是否能及时获取最新税收政策；税务管理人员能否有效识别各业务环节的税收风险；企业是否制定了税务管理人员的绩效评价办法等。所以，企业需要将税收风控管理纳入企业整体的内控体系，实施全业务链的内部控制管理。

企业税务风险的规避对于企业的稳健发展和长期战略目标的实现具有非常重要的意义。一个企业要想真正做强做大，必须根据自身情况建立适合本企业的税务风险控制机制。每个企业的税务风险控制机制都不尽相同，只有从自身情况出发建立的控制机制才能在企业发展中有效地发挥作用。

第五节　税务风险预防性控制机制和发现性控制机制

税务风险的预防性控制机制和发现性控制机制是企业税务风险控制的两大关键环节。在"金三"系统下，企业只有建立起有效的预防性控制机制和发现性控制机制，并采取相应的控制措施，才能做到合法合规运营，降低或消除税务风险。

一、企业税务风险的预防性控制机制

中医讲"治未病"，即采取相应的措施，防止疾病的发生发展。企业税务风险的预防性控制等同此理。所谓预防性控制，就是以"税务风险导向"为指导，从企业内部和外部两个方面识别各种税务风险因素，

做到防患于未然。

企业内部税务风险因素包括：企业经营理念和发展战略；税务规划以及对待税务风险的态度；组织架构、经营模式或业务流程；税务风险管理机制的设计和执行；税务管理部门的设置和人员配备；部门之间的权责划分和相互制衡机制；税务管理人员的业务素质和职业道德；财务状况和经营成果；对管理层的业绩考核指标；企业信息的基础管理状况；信息沟通情况；监督机制的有效性；其他内部风险因素。

例如，在企业收入方面，要对涉税数据进行自查，诸如有没有未计入收入、有没有违约金收入未计入收入、有没有不符合不征税收入的补贴收入、有没有用于交际应酬的礼品赠送未按规定视同销售确认收入、有没有外购水电气用于职工福利未按规定视同销售确认收入、有没有租金收入未按收入与费用配比原则确认收入等。分析企业的内部税务风险因素，有利于企业从高管态度、员工素质、企业组织结构、技术投入与应用、经营成果、财务状况、内部制度等微观方面识别自身可能存在的税务风险。

企业外部税务风险因素包括：经济形势和产业政策；市场竞争和融资环境；适用的法律法规和监管要求；税收法规或地方性法规的完整性和适用性；上级或股东的越权或违规行为；行业惯例；灾害性因素；其他外部风险因素。

例如，在税收政策、法规等认知方面，对新出台的税收政策、法规的理解是否存在偏差，公司究竟属于哪类企业，适用哪些税法条款等。对企业外部税务风险因素的分析和识别，有利于从宏观经济形势、市场竞争、产业政策、行业惯例、法律法规规定、意外灾害等方面分析企业在所处的大环境下可能遇到的税务风险。

二、企业税务风险的发现性控制机制

中医也讲"既病防变",意思是已经生病了就要及时治疗,要能够预测到疾病可能的发展方向,以便及时阻断疾病的加重或转变。企业税务风险的发现性控制等同此理。所谓发现性控制,就是对已经出现或者虽然现在还没有出现但不久的将来一定会出现的税务风险做出及时、妥善的处理。

根据程度不同,税务风险也是分大小等级的。对于不同等级的税务风险,处理方式各不相同。下面就来探讨一下企业如何应对不同等级的税务风险。

1. 程度低等的税务风险

程度低等的税务风险在企业中比较常见,主要包括:营业外收入超过销售收入的1%;补贴收入超过销售收入的1%;营业外支出超过销售收入的1%;有长期投资或短期投资但无投资收益;海关进口专用缴款书抵扣超过总进项的40%;等等。税务机关发现低等级税务风险后,一般先进行电话告知。纳税企业在接到税务机关的提醒后,应该积极配合修正,并把流程、制度上导致这些风险的根源找出来,积极纠正,避免税务风险时时发生,同时也避免税务低风险向中、高风险蔓延。

2. 程度中等的税务风险

程度中等的税务风险主要包括:其他应收款大于收入,可能存在隐瞒收入、虚假交易、逃税的风险;流转税申报收入、所得税申报收入与利润表收入不一致,可能存在隐瞒收入、逃税的风险;增值税超低税负企业,可能存在虚抵、隐瞒收入、逃税的风险;所得税超低贡献率企业,可能存在多列支出、少列收入、逃税的风险;在建工程有留抵税金,可能存在多抵进项、逃税的风险;固定资产大额抵扣,当期不实现增值税，可能存在超范围抵扣、逃税的风险；农产品收购企业的农产品抵扣超过总进项的98%，其他企业农产品抵扣超过总进项的10%，可能存在虚抵农产品、逃税的风险。

中等税务风险一般与企业漏缴税款有关，例如，企业实际缴纳的流转税和城建税的计税基础不一致。"金三"系统上线后，包括社保基数、企业土地面积、银行开户账户数、房产证信息在内的企业信息都会被税务机关获取到，漏税也就没么容易了。面对中等税务风险，企业应立即进行自纠自查，确实漏缴税款的，要及时补上。同时，要多方总结，看看哪种原因引发中度税务风险，是政策理解不够，还是流程出现错漏。

3. 最高级别的税务风险

最高级别的税务风险主要包括：虚假交易和虚开发票风险，如应收账款大于销售收入、应付账款大于销售收入、期间费用总额大于销售收入的30%、存货与留抵税金不匹配等。此外还有逃税风险，即存在"理论少缴税款"现象，也就是依据以下两个公式来识别的风险：

商业企业理论少缴税款 =（销售收入 – 销售成本）× 17% – 申报应纳税额 – 运费抵扣 – 固定资产抵扣 – 其他营改增后允许抵扣的项目 –（期初留抵 – 期末留抵）

工业企业理论少缴税款 =（销售收入 – 销售成本 × 95%）× 17% – 申报应纳税额 – 运费抵扣 – 固定资产抵扣 – 其他营改增后允许抵扣的项目 –（期初留抵 – 期末留抵）

依据这两个公式可识别的逃税风险有：存货为负数，存在多转成本等逃税风险；存货大于销售收入的30%，以及商业零售企业无票收入低于总收入的30%，则为隐瞒收入；企业的存货一年至少要周转5次以上，低于3次的为不达标；销售成本大于销售收入，则为虚转成本，价格倒挂；全年有销售收入但无增值税，则为虚抵、隐瞒收入。

4. 高危税务风险

企业出现重大税务问题时，都会引发高危税务风险，进而导致税务机关进场稽查。稽查的重点在"查"而不是定罪，只要企业没做违法的事情，配合税务局进行检查也是义务。

第四章

金税时代企业财税人员的应对策略

"金三"系统正式上线以来,企业财务人员深深地感受到了"金三"大数据的威力。为了帮助财务人员积极应对,本章提出在国地税合并和金税三期大背景下企业财务人员的转型路径,通过案例解读"金三"系统下企业财税人员面临的预警、稽查、发票等方面的风险,揭示金税三期时代大数据研判的异常情形,分析财务人员法律风险产生的原因并强调做好风险防控,指出金税三期时代企业财税人员应该具备的专业技能。

第一节 金税时代下企业财税人员的转型密码

在国地税合并和金税三期的大背景下,企业外部经济环境变化及企业内部管理变革需求正在倒逼企业寻找更为有效的财务模式。而财务转型最核心的是财务人员的转型。企业迫切需要财务人员具有开阔的视野、卓越的专业技能、内外部沟通与协调能力、丰富的职业素养,以便更深入地参与企业战略及运营等多个层面的工作。

一、培养全局视野

财务人员应该立足于国地税合并和金税三期大背景,站在新的高度俯视企业业务运行的全貌。应从拓展战略思维能力、丰富运营知识、学习全新商业模式、洞察市场变化、学习金融知识、熟悉法律知识等方面提升自己，努力学习并研究透彻各类知识信息和政策法规，使自身知识体系与相关经济知识融会贯通，全面开阔自身视野。

财务人员应根据企业的发展战略科学地制定本企业的财务发展战略，并以此指导本部门及自己的工作。为此，财务人员必须根据公司未来发展提前做好各种知识储备，提前谋划，做到心中有数；做好职业的近期与远期规划，并经常检查是否偏离战略方向。

二、提高专业技能

金税三期实施后，控制企业税务风险、推行专项核算、计算保本点等都会成为必然，所以专业知识过硬的财务人员最受青睐。同时，企业还需要研究型的会计人才，这类人才既要懂得金税三期系统的内在联系，又要懂得如何应对金税三期对企业财务数据的诊断，还要懂得如何规避金税三期的税收风险。这类人才一般都具备专业的综合素养，是各企业追捧的对象。因此，财务人员必须不断加强自身的专业素质，提高自身的硬实力。

提升专业技能是每一个财务人员的义务，是做好财务工作的职责所在。应从财务计划能力、预算与预测能力、决策支持能力、财务分析能力、投资决策能力、业绩评价能力、绩效管理能力等方面打造财务人员卓越的专业技能。

三、掌握通用技能

所谓通用技能，主要是指专业技能以外的技能，即财务"软技能"。主要包括沟通能力、谈判能力、协作能力、演讲与汇报能力、组织能力、适应能力。在国地税合并和金税三期大背景下，财务人员必备的软技能可以帮助财务人员跳出专业财务人员的职业短板，将财务优势融合到企业管理中去，实现对整体运作的财务管控。

四、培养职业素养

良好的职业素养是职业发展的基本素质，有助于提升员工的职业形象，增强企业的竞争力。财务人员的职业素养包括职业心态、自我管理、职业道德。其中，良好的职业心态，如负责、积极、自信、乐于助人等是决定成败的关键因素。

从传统的会计核算角色进入管理会计创造价值角色，这个过程非常痛苦并颇具挑战。财务人员唯有在全局视野、专业技能、通用技能、职业素养这四个方面培养胜任能力，才能实现转型，企业的财务管理也才能适应国地税合并和金税时代的要求。

第二节 "金三"系统下企业财税人员面临的风险

随着金税三期在各个层面的渗透和深入，企业的财务往来在大数据面前暴露无遗，财务人员账务处理的风险越来越多，稍有不慎就可能给企业带来巨大的涉税风险。下面，我们结合具体案例来阐述金税三期系统下企业财务人员将面临的五大风险。

一、税务风险

税务风险是由做账不规范带来的风险。例如，某公司在春节时给员工发放福利4万元，财务人员的处理是：借，管理费用——福利费，4万元；贷，银行存款，4万元。

财务人员这样处理的错误之处在于对福利费没有单独设置账户进

行核算。正确的处理应该是：借，应付职工薪酬——福利费，4万元；贷，银行存款，4万元。期末根据福利费的发生额分配结转到成本费用中：借，管理费用——福利费，4万元；贷，应付职工薪酬——福利费，4万元。

财务人员应单独设置核算职工福利费的专门账户，清晰和准确地核算员工福利费的各项明细内容。如此，既方便企业内部加强福利支出管理，也便于税务部门对员工福利支出税前扣除进行有效的管理。

二、预警风险

预警风险是由大数据比对带来的风险。例如，某公司2017年1月至12月在国税局缴纳增值税229万元，但是在国地税大数据进行比对时，地税局发现该公司各项附加税费仅缴纳了4.65万元，漏缴了近24万元。

随着金税三期的深入，税务局完全可以通过大数据平台实时获取工商、社保、银行、电力、房产等各部门的涉税相关信息，并实现数据自动比对，比对不一致的企业将面临预警监控的风险。大数据可以在部门之间、各税种之间、各财务数据之间、各纳税申报表数据之间，以及财务信息与非财务信息之间实现数据及时比对。在这种情况下，财务人员稍有不慎甚至不经意的一笔账，都会造成比对不符的异常，从而被纳入税务局的疑点监控之中。

三、稽查风险

稽查风险是由税收强制规范带来的风险。例如，一家电器销售公司将一楼房屋出租，年租金480万元。税务部门在与该公司会计沟通房产税的时候，突然发现财务人员竟然一直在按照含税价缴纳房产税，算起来从去年下半年到今年上半年整整一年，光房产税一项就多缴纳了2.7万余元。

在这个案例中，财务人员之所以会多缴税，是因为不熟悉甚至不知道自2016年5月1日起执行的《财政部 国家税务总局关于营改增后契税 房产税 土地增值税 个人所得税计税依据问题的通知》（财税〔2016〕43号）规定，房产出租的，计征房产税的租金收入不含增值税。在计征房产税等税种时，税务机关核定的计税价格或收入不含增值税。由此可见，财务人员对政策掌握不到位，就会造成多缴税。优秀的财务人员必须感知政策、熟悉政策、运用政策，吃透每项税收政策背后的东西。

四、发票风险

发票风险一般来自开具发票不规范、不合法。例如，甲公司与乙公司没有业务往来，乙公司却让甲公司开具了一份100万元的增值税专用发票，并支付7%的开票手续费。购货的账务处理情况是：借，库存商品，100万元，应缴税费——应缴增值税（进项税），17万元；贷，应付账款，110万元，库存现金，7万元。

该公司没有真实业务却花7个点买票抵扣，属于虚开虚抵，存在严重的涉税风险和刑事风险，最终开票方甲公司出现了异常，乙公司的买票行为完全暴露，发票交易双方的负责人依法接受刑事处罚。

随着金税三期的深入，发票的轨迹越来越成为大数据自动比对的重要依据，电子底账系统发挥了更大的作用，虚开虚抵发票无异于自掘坟墓。

五、法律风险

法律风险是由做账错误带来的风险。例如，某公司成立，注册资金5000万元属于认缴制，公司的账务处理是：借，其他应收款——股东，

5000万元；贷，实收资本——股东甲，5000万元。

这样的账务处理将面临三大风险：①按照实收资本金额提前缴纳万分之五的印花税；②个人股东未缴纳注册资本计入"其他应收款"的余额，变成股东借款，超期依照"利息、股息、红利所得"项目缴纳个人所得税；③认缴制下公司对外融资发生的借款利息没法在企业所得税前扣除。

第三节　财税人员如何应对金税时代的大数据研判

金税三期是全国统一、国地税合一的税收管理信息系统工程的总称，其依托互联网，集合大数据评估与云计算功能，完全是一个智能税收系统。具体来说，它能够轻松地知道企业买过多少厂房、有多少机台、买过几辆车、给车加过多少油（通过发票）；通过同行业和供应链上下游比对，还能知道企业真实的利润、是否经营不善、有没有破产风险等。

现实中，如果企业申报的会计票据和数据或税额出现问题，金税三期大数据就会从企业的收入、成本、利润、库存、银行账户和应纳税额六个维度进行检验并判断出异常。

一、对企业收入研判

企业开具的销售发票、货物的进出、资金的流入流出等都是金税三期大数据比对企业收入真实性、正常性、合法性的重要依据。如果企业少记了销售收入或隐匿了部分销售收入，金税三期就可以通过企业的成本和费用来比对企业利润是否为负数，或比对企业开具的发票、收到的货款数额及卖出的商品，或进一步通过大数据查询下游企业的相关账本数据，比对出异常。

举例来说，金税三期系统通过"期初库存+本期购进-期末库存=本期销售成本"，可以判断企业是否存在少记销售收入的异常。一定期限内，从理论上来说，企业的销售收入应大于"期初库存+本期购进-期末库存"的金额（收入中含有进销差价，常称为毛利），如果结转的销售成本（或申报的销售收入）小于此金额，则可能存在少记销售收入的情况。

二、对企业成本研判

如果企业长期购进原材料或商品时暂估入库，如果购进原材料或商品时为了价格低一点而不索要发票，如果计提了费用而迟迟没有费用发票，那么金税三期会比对每一笔支出数额、商品或服务及对应的发票，三者应该是一一对应的，缺少了任何一项，都会被判定为异常。

企业认证抵扣的进项发票能最直接地体现进货明细、费用明细，包括当期办公费、招待费、住宿费等。所以，企业长期购进原材料或商品时不要暂估入库，不要在进货时为了图便宜而不要进项发票，不要通过人为计提费用而迟迟未领费用发票。

三、对企业利润研判

如果企业利润表中的利润总额与企业所得税申报表中的利润总额不一致，如果企业想"财不露白"而将利润少报一部分，那么金税三期大数据是可以得到企业所有的收入信息和成本信息的，大数据也会通过比对每一笔收入、支出、费用随时核算出企业的利润情况。因此，若企业少报利润，一定会被轻易查出来。

四、对企业库存研判

一般来说，企业都会有库存，包括原材料库存和成品或半成品库存。而且，库存量一般都在一个相对稳定的值附近呈周期性波动。如果企业只有销售数据而没有购买数据或购买量少，则金税三期大数据就会判断出库存一直处于递减状态，并进一步形成电子底账来比对库存，然后判断出异常；如果企业只有购买数据而没有销售数据或销售量少，则金税三期大数据就会判断出库存一直处于递增状态，并进一步形成电子底账来比对库存，然后判断出异常。

上述两种情况都有企业做过，但都没有逃过金税三期大数据的检查，所以千万不要冒这个险。

五、对企业银行账户研判

如果企业销售了一批货物，货款已进入银行账户，收到的货款却迟迟没有记入账中；如果企业取得了虚开发票，而账户里的资金却没有减少或减少额不匹配……则金税三期系统会进行分析并识别出异常。

同时，以下情形同样逃不过金税三期系统的法眼：企业当期新增应收账款大于收入的80%、应收账款长期为负数；当期新增应付账款大于收入的80%；预收账款减少但未记入收入、预收账款占销售收入的20%以上；当期新增其他应收款大于销售收入的80%。

六、对企业应纳税额研判

企业增值税额与企业毛利不匹配；企业期末存货与留底税金不匹配；企业缴纳了地税附加税费，但与国税增值税比对不一致；企业实收资本增资了，而印花税却为0；企业增值税额偏低；企业所得税贡献率长期偏低；企业应纳税额变动太大。对于这些情况，金税三期大数据都能识别出来，应纳税额就是以上面的数据为基础计算出来的。

金税三期通过比对企业的收入、成本、利润、库存、银行账户和应纳税额等数据，就可以判定出企业税务是否异常。很多人可能会说：市场这么大，企业的经营状态本来就是多样的，如果企业的一切都是真实的，但这些真实数据可能在金税三期的标准之下，那么岂不是跳进黄河也洗不清了？

其实，企业只要真实、准确、合法地经营，按时按规申报，即使被金税三期查出异常，也不用担心。因为查出异常只是第一步，还会有专门人员做进一步核实，不会草率地判定企业申报的数据作假，企业无须太过担心。

第四节　金税时代企业财税人员法律风险防范与控制

这里所说的"法律风险"主要是指被行政处罚和刑事制裁的风险。企业要更多地关注财务人员承担刑事责任的风险，因为从我国目前的现实情况看，财务人员受到行政处罚的人数要远少于受到刑事处罚的人数，并且刑事处罚对一个人的影响是巨大的，甚至会断送一个人的职业生涯。因此，分析财务人员产生法律风险的原因并有效规避，对企业的发展壮大及个人的人生发展都是至关重要的。

一、财务人员法律风险根源分析

企业财务人员的法律风险主要是指财务人员因职业原因而被迫或无意犯罪的风险，常见的法律风险有职务侵占罪、贪污罪、受贿罪、行贿罪、挪用资金罪、提供虚假财务报告罪、偷税罪等。从根源上来分析，财务人员产生法律风险的原因大致有以下三种，如表4-1所示。

表4-1 财务人员产生法律风险的原因

事项	含义
以身试法	毋庸置疑，任何人以身试法、故意犯罪都会带来法律风险。对于财务人员而言，故意犯罪多表现为贪污、挪用、侵占、提供虚假报告、偷漏国家税款等行为。例如，某出纳截留收入；某会计私刻印章将单位资金转入自己的私人账户；某财务负责人提出以为职工谋福利为名私分国有资产的计划并得到通过、实施；等等。以身试法所带来的风险是不以人的意志为转移的，它说不清什么时候就会爆发，这里面容不得有半点侥幸心理
迫于压力	由于现阶段所有制结构的变化及投资的多元化，单位负责人对会计人员的工作完全拥有领导权和管理权。如果会计人员坚持原则，往往会受到单位负责人和其他方面的阻挠、刁难甚至打击报复，财务人员的个人利益就会受到严重损害，甚至可能丢掉饭碗。这些压力都很有可能促使财务人员不恪守职业道德
无意酿成风险	即使外部没有人强迫，财务人员自身也并非故意要这样做，但却惹来了麻烦。这本质上是由于财务人员知识或经验的不足，即无意行为造成的

以上三种情况是财务人员产生法律风险的典型原因，但现实中的情况却比这复杂得多，经常是三种情况的汇合，多数先是被迫，然后又掺杂进财务人员的主动和故意，甚至还会出现无意行为。法律风险的成因很复杂，财务人员对其产生的根源要有清醒的认识，并有效地进行自我保护。

二、财务人员法律风险规避措施

对于工作中存在的法律风险，企业财务人员应采取以下几条规避措施，如表4-2所示。

表 4-2 财务人员法律风险规避措施

事项	含义
强化思想认识	企业财务人员要强化思想认识，不断增强企业财务工作的严谨性。 首先，财务工作是企业经济行为的总关口，必须以严谨细致的态度来对待。 其次，财务人员要强化对各类法律风险危害的认识，认识法律风险的严峻性，将各种法律风险放大来看，以提高思想上的重视程度
学习法律知识	一个合格的财务人员要时刻不忘学习，提高自身抵御风险的能力。 一方面，要及时了解并熟悉国家制定的各项财务法规、方针、政策，严格贯彻执行和遵守经济法、会计法、证券法、税法、审计法等相关法律制度，强化法律意识，提高自身修养。 另一方面，应掌握时事政策、财政税务、企业管理、电脑操作等相关知识。只有全面掌握各方面的知识，才能有的放矢，有所为有所不为，才能在纷繁复杂的陷阱面前保护好自己
学习业务技能	财务人员要结合市场经济环境和企业发展战略的变化情况，积极更新自身的财务工作知识，用最新的工作理念和实践技能来武装自己，紧跟国家有关法律法规的发展变化，并在实际工作中有所体现，进而提高工作有效性，使各种法律风险管理措施能够切实发挥出应有的指导作用
建立内控制度	一是建立财务人员垂直管理体制，在客观上减少财务人员犯罪的可能性和空间。只有从制度和组织上保证财务负责人对财务工作的最终决定权，财务负责人才能在许多问题和压力面前放下包袱，挺直腰杆。 二是优化处理流程。财务人员在工作过程中要严把审批关，尤其是对待各种财务代签名的时候，更应该充分考虑和权衡多方面因素，将可能出现的情况都充分预想到。要做好各类财务数据的备份工作，这样不仅能够在出现问题时表明自身的清白，而且可以有效地避免各种法律风险的发生。 三是资金集中管理。将下级机构或子公司的资金收归总公司集中管理，不仅有助于提高资金使用效率，也有助于保护财务人员。 四是提高财务任职门槛。从制度上制定财务人员特别是财务负责人的任职资格和资历要求，提高外部人员的进入门槛。 五是健全培训和交流制度。个人要多学习，注意提高本领；公司要保证财务人员能够定期得到一定的培训和交流。 六是加强内部审计部门的力量，促使财务人员高效率地工作

最后需要说明的是，财务人员在工作过程中会面临各种各样的法律风险，但是法律风险具有全局性，其产生原因和影响范围不仅贯穿于日常运行的整个过程，还要受到来自多方因素的制约和影响。因此，企业在应对各种法律风险时，不能将眼光片面地停留在财务人员身上，要积极调动各方面的力量，全面分析与评估潜在的风险和问题，有针对性地制定和完善法律风险预警体系，切实保证各种措施的有效落实。

第五节　金税时代企业财税人员应该具备的专业技能

"术业有专攻"，作为财务人员，很多税务处理技能都是必备的。那么，金税时代的企业财税人员应该具备哪些专业技能呢？下面我们一起来看看。

一、会计核算的专业技能

会计核算是企业财务管理的支撑，是企业财务最基础、最重要的职能之一。

会计的基本职能无论是二职能论（反映与监督）、三职能论（反映、监督及参与决策），还是五职能论（反映、监督、预算、控制与决策），其第一项职能都是反映，而反映的职能通常都是通过会计核算来实现的。

会计核算是目前企业财务中运用较好的职能之一。会计核算是一门管理科学，也是一门硬科学，有一套严格的确认、计量、记录与报告的程序和方法。核算的目的不是为了得到一个阿拉伯数字，而是要用价值手段全面反映企业实物运动的过程。

会计核算有一整套国际通行的方法和制度，包括记账方法、会计科目、会计假设，以及国家制定的会计准则、制度、法规、条例等。这些都为会计核算提供了较多的规范，目的就是得出一本"真账"，从而使得出的结论具有合法性、公允性和一贯性。

二、会计监督的专业技能

除了会计核算外，财务人员最重要的职能就是会计监督。会计监督是全方位的，涉及企业的各个方面，其中对资金的监督是每个企业都非常重视的。对企业来说，资金的运用与管理是非常重要的。没有、多了、少了、流动快了、流动慢了、不动了等，都可能使企业发展面临困难。作为企业价值管理的财务部门，其重要职能包括资金的筹集、调度与监管，简单地说，就是把企业的钱管好。

资金的运用与管理不同于会计核算，没有严格的管理方法，企业间差别也较大，资金计划、筹融资、各项结算与控制都属于资金运用与管理的范围。企业性质、资金量、会计政策、信用政策、行业特点、主要决策者偏好，甚至资金调度人员的经验等，都可能给资金运用与管理带来偏差。建立企业资金管理制度能够在一定程度上防止资金的使用不当。可是，要想提高企业资金效用，单靠制度还无法实现，除了要建立一套适合企业的资金审批、监控系统外，还要选择有一定经验的财务人员来操作。

三、管理会计的专业技能

管理会计又称"分析报告会计"，是一个管理学名词。管理会计是从传统的会计系统中分离出来的一个企业会计分支，与财务会计并列，着重为企业进行最优决策、改善经营管理、提高经济效益服务。为此，管理会计应针对企业管理部门编制计划、做出决策、控制经济活动的需要，记录和分析经济业务，捕捉和呈报管理信息，并直接参与决策控制过程。由于其与企业会计核算不可分割，所以成了财务管理的重要内容之一。

在企业经营过程中，无论是参与决策，还是提供决策依据，仅靠财务会计还远远不够，必须与管理会计结合起来。管理会计与财务会计不一样，它是通过对财务等信息的深加工和再利用，实现对经济过程的预测、决策、规划、控制、责任考核评价等。

如果说财务会计是记录企业的过去，那么管理会计就是预测企业的未来；财务会计能为企业内外部利益相关者提供数据，而管理会计专为企业决策者提供数据。因此，财务人员应在会计核算与分析的基础上，结合管理会计，为企业的生产经营、融资、投资方案等提供决策数据，做好参谋。

四、信用管理的专业技能

信用管理作为企业财务管理的内容之一，本不应单独列入财务职能，但由于其重要程度及复杂性，促使企业将其从财务管理中分离出来。除了这个原因外，企业信用管理工作一般在财务部门进行，因此信用管理就成为财务工作的重要职责之一。

企业经营过程中常常会与客户发生往来款项，甚至包括赊销的情况。随着赊销业务的增加，企业出现呆坏账的可能性也会逐渐加大，如果毛利率不高，一笔呆坏账往往会超过企业全年利润。因此，为了控制呆坏账的发生，企业要重视信用管理与控制。

企业的信用政策往往与销售业绩直接联系在一起，采用什么样的信用政策、客户的信用记录如何，直接关系到企业销售量和呆坏账数量，因此进行信用管理非常必要。财务人员只要管好了客户信用，也就控制了企业呆坏账的发生率。

五、计量绩效的专业技能

绩效考核需要对各项完成指标进行计量与比较，这些计量与比较当然少不了会计方面的价值计量，如生产过程中的增值、费用控制、产值等都是财务会计的计量范围。

在价值计量上，企业还没有哪一个部门能比财务部门更专业和更全面，因此企业绩效考核工作少不了财务部门的参与，分解、计算各部门绩效是财务部门必须做的重要事情之一。

总之，无论企业规模大小，财务都少不了会计核算、会计监督、管理会计、信用管理、计量绩效五个方面的职能。虽然少数大型企业对这几个方面的职能有明确分工，但多数企业由于财务机构、人员的限制等没有对这些职能进行明确分工，而把较多职能赋予财务人员。无论如何分工，五个方面的职能都不能少。

第五章

金税时代企业财税管理的顶层设计

"金三"系统目前运用的是"互联网+"模式，正在平稳地实施增值税发票管理新系统，提高电子发票的使用率，提升税收大数据的运用水平，使税收征管从凭个人经验管理向依靠大数据分析转变。因此，企业必须对财税管理进行顶层设计，优化税务管理，遵循"三个统一"，依法依规经营，部门之间要协同应对税务风险，企业与税务机关要积极互动以实现"双赢"。只有做好财税管理的顶层设计，才能合法、合规经营，从而更好地发展。

第一节 适应"金三"系统，优化税务管理

随着金税三期大数据的推广和应用，企业的税务管理面临着纳税申报、发票管理、征管稽查等风险，这是企业税务管理前所未有的挑战。为此，企业需要优化税务管理，具体来说，要学习税收征管政策，学习实体法规，加强发票管理，以此来适应"金三"系统，从而实现稳健发展。

一、关注税收征管政策，规范纳税行为

只有关注税收征管政策，规范纳税行为，才能从根本上保护自身权益。为了做到这一点，企业要从以下几方面努力。

（1）加强对税收征管政策的学习，重点学习税收征管法与税收征管条例，掌握税务机关在税收征管过程中应遵守的程序与规则，在税务机关程序不当时，有效保护自身的权益。

（2）自觉遵守税务机关的征管规定与要求，按时申报缴纳税款及报送财务报表等企业信息，并确保信息真实完整，降低纳税异常发生的概率。

（3）加强对企业经营情况的分析，将企业纳税与业务实际有效联系起来，保障各类纳税事项合法合规。

二、学习实体法规，严格税务管理

具体包括以下几个方面：

（1）企业财务部门或涉税办理人员应加强税务实体法学习，掌握企业所涉税种的税务政策，严格按照要求进行纳税申报与管理。

（2）加强税法的宣传贯彻与内部培训，增强企业全员的税务意识，发挥全员的力量，保障企业税务风险处于可控范围。

（3）加强与税务机关的沟通交流，关注金税三期平台发布的税务信息，实时掌握税务管理的最新要求，及时建立企业税收的相应政策并加强实施，有效防范企业纳税风险，促进企业持续健康发展。

三、加强发票管理，防控纳税风险

为了做好发票管理，企业要从以下几方面努力：

（1）建立发票管理制度，设立发票管理岗位，明确岗位职责，加强发票管理的自觉性与合规性。

（2）加强发票领用与取得管理，由专人负责发票的库存管理，建立领用台账，保证发票真实开具与发票完整。加强业务部门培训，坚决杜绝取得虚开发票和虚假发票。

（3）加强发票自查，建立自查机制，定期开展发票检查，对发现的问题及时处理，并严肃处理涉假人员。

总之，在强大的金税三期系统下，企业只有优化税务管理，结合最新税收法规和征管趋势，及时履行相关法定义务，才能适应"金三"系统，最大限度地减少涉税风险，从而使企业获得稳健发展。

第二节　确立指导思想，遵循"三个统一"

企业财税管理的指导思想决定了企业能否规避不必要的财务风险和税务风险，以及是否能够提升企业利润，从而决定了企业能否增强市场竞争力。只有好的指导思想，才能使企业财税管理取得好的效果。为此，企业在开展财税管理时，必须遵循"三证统一""三流统一"和"三价统一"这三大原理。

一、"三证统一"原理解析

所谓"三证统一"，是指法律凭证、会计凭证和税务凭证的相互印证、相互联系和相互支持。在这"三证"当中，法律凭证是第一位的，"三证"中如果缺乏法律凭证的支持和保障，那么无论会计凭证和税务凭证多么准确和完美，都是有法律和税收风险的。

法律凭证是用来明确和规范当事人权利和义务的重要书面凭证或证据，包括合同、协议、法院判决或裁定书等法律文书和其他各种证书，可以有效降低企业税收成本。

会计凭证是记录经济业务、明确经济责任、按一定格式编制的据以登记会计账簿的书面证明。

税务凭证是一种在税法或税收政策性规章上明确相关经济责任的书面证据，是法律凭证中的一种特殊凭证。税务凭证一定是法律凭证，但法律凭证不一定是税务凭证。

"三证统一"的核心思想包括三方面的含义：①合同与企业的账务处理相匹配，否则，要么做假账，要么做错账；②合同与企业的税务处理（税务处理在实践中主要涉及企业缴多少税和什么时候缴税两方面）相匹配，否则，要么多缴税，要么少缴税；③合同与企业发票开具相匹配，否则，要么开假票，要么虚开发票。

"三证统一"是降低企业成本的根本方法。①法律凭证是决定企业成本的根源。企业的成本涉及设计、研发、生产、管理、销售、售后服务等各价值链环节，要控制好每一环节的成本，必须把着力点放在有关合同、协议的签订和管理环节上。②在明确法律凭证是决定企业成本的根源后，还要保证法律凭证、会计凭证和税务凭证的相互统一，这样成本降低才能落到实处。

总之，在降低企业成本的实践中，一定要保证"三证统一"，特别是法律凭证在降低企业成本中起关键性的作用。同时，会计凭证和税务凭证上的数据必须与法律凭证上的数据始终保持一致，否则会面临成本增加的可能。

二、"三流统一"原理解析

所谓"三流统一"，是指资金流（银行的收付款凭证）、票流（发票的开票人和收票人）和物流（劳务流）相互统一。具体而言，不仅收款方、开票方和货物销售方或劳务提供方必须是同一个经济主体，而且付款方、货物采购方或劳务接受方必须是同一个经济主体。

在经济交易过程中，如果无法做到资金流、票流和物流（劳务流）

相统一，则票款会出现不一致，涉嫌虚开发票，将被税务机关稽查判定为虚列支出，虚开发票，从而承担一定的行政处罚甚至遭到刑事处罚。为了解决票款不一致的涉税风险问题，符合以下条件的发票才可以入账：在有真实交易的情况下，必须保证资金流、票流和物流的"三流统一"。

"三流统一"是企业成长的根本，是企业精细化管理的要求。管理是对生产、营销、财务和人事等各个方面及相应模块所进行的优化，其最核心的莫过于资金流、票流和物流的"三流统一"。

三、"三价统一"原理解析

所谓"三价统一"，是指符合民法规定的有效合同或协议上注明的价格、发票上填写的金额、结算的价格三者必须是相等的。

实践中，发票上的金额是根据结算价开具的。如果发票上的金额大于结算价，一定是虚开发票；如果发票上的金额小于结算价，则企业有隐瞒收入的嫌疑。例如，某公司工程造价约定为2.3亿元，最后的工程总结算金额只有1.3亿元，但开具发票总额为2.3亿元，这样就虚增了1亿元成本。

合同价与结算价一般都会不一样，因为经济交易活动中存在各种客观因素，如材料价格的市场波动、技术水平的差异、企业管理水平的高低等。为了保持合同价和结算价的统一，必须以最后的结算价为准，根据结算书或结算报告，通过一定的法律手续，调整合同价，使合同价与结算价保持一致，然后以结算价开具发票，实现合同价、发票价和结算价的统一。

当然，关于合同价、发票价和结算价的相互统一问题，这里还有一个前提，即合同上的价格是符合民法规定的有效合同上载明的价格，不是阴阳合同或黑白合同上注明的价格。

第三节　守住比对底线，依法依规经营

金税三期大数据主要从企业的收入、成本、利润、库存、银行账户和应纳税额六个维度进行比对，企业所有的业务将360度无死角地展示在金税三期面前。因此，企业必须守住比对底线，行得端、坐得正，真实、准确、合法地开具发票和做账并按时按规申报。

一、大数据比对企业纳税情况

金税三期最大的威力在于通过大数据比对来发现企业的税收违法嫌疑，如我们前面讨论过的表表比对、票表比对和表税比对，以及增值税一般纳税人和小规模纳税人的票表比对、法定代表人和财务负责人各种信息的比对等。就金税三期可以比对的数据类型来看，未来将会越来越多，大致可以分为以下几类，如表5-1所示。

表5-1　金税三期未来可以比对的数据类型

类型	含义
交易本身的数据是否匹配	例如，进项发票的品名及数量与销项发票的品名及数量是否一致；交易发生地点与企业经营地点分离的情况是否属于合理范围等
企业整体的涉税数据是否正常	例如，企业期末存货与增值税留抵税额是否匹配；企业新增应收账款、其他应收款、预收账款、应付账款等往来账户的金额是否与公司的销售收入、销售成本比对异常；企业的成本费用变动与销售收入变动关系是否合理等
向税务机关申报的数据是否与其他政府部门掌握的数据一致	例如，向国税申报的增值税金额与向地税申报的各项附加税费是否匹配；为企业员工缴纳的个人所得税以及企业所得税税前扣除的工资薪金成本是否与社保、公积金等部门掌握的数据一致；股权转让交易纳税申报情况与在工商部门备案登记的信息是否一致等。一旦全面实现税务系统与其他部门，尤其是与银行系统的无缝对接，企业的交易都将赤裸裸地暴露在税务局的计算机系统内

续表

类型	含义
企业纳税情况与类似企业是否大致相当	税收大数据收集了大量纳税人的涉税信息,掌握了各行业经营、纳税的总体情况。因此,一旦企业申报的纳税数据与同行业类似企业申报的数据出现较大的偏差,系统就完全可以做到自动识别。例如,企业整体税负率是否偏低,税负率变动水平是否异常;企业对原材料的消耗及取得的销售收入是否与行业普遍水平一致;企业纳税申报情况是否符合行业的一般发展规律等

二、违法违规,必受惩处

2017年3月,北京市国税局联合公安机关成功查处北京"11·01"虚开增值税专用发票案。犯罪嫌疑人采用票货分离、改变产品名称、签署虚假购销合同、虚造资金流向等方法向河北、天津等地1662户企业虚开增值税专用发票2万份,涉及金额为35.5亿元,税额为6.0亿元。

金税三期从被运用的那一刻开始就很受欢迎和重视。其运用大数据和云计算,能够计算分析出同一法人的相关性、同一地址的相关性;通过比较和跟踪,虚开发票、虚抵扣的企业会无所遁形。2017年栽倒在金税三期上的企业已经数不胜数,正应验了那句老话:"莫伸手,伸手必被捉。"

第四节 部门协同推进,应对税务风险

在新形势下,提升纳税意识不仅仅是财务人员或少数领导的事情,而是与企业各个部门息息相关,尤其与财务部门、市场部门、人力资源部门、采购部门的关系更大。企业应从战略角度出发,考虑宏观经济政策及经济运行情况、本行业状况、国家产业政策,使企业方方面面都能

及时跟上国家产业政策的变化。

一、财务部门税务风险应对措施

　　财务部门是企业防控税务风险的主体部门，任务繁重且关系重大。为了应对税务风险，财务人员需努力提升专业知识，尤其是在国地税合并和金税三期背景下，税收政策不断更新，目不暇接，财务人员必须及时更新专业知识；同时在法律、计算机等业务上不断提升，努力使自己成为复合型人才，担当起企业税务风险防控的重任，唯有如此才能更好地应对新形势发展的需求。

二、市场部门税务风险应对措施

　　市场部门的主要任务是项目开发和合同管理，并在这个过程中核查主要客户、主要供应商的信用情况。项目开发安全风险控制措施包括：

　　（1）根据工商部门批准的经营执照规定的经营项目，做好市场开发工作。

　　（2）进行项目开发之前，要与其他部门共同研究商议，组织人员到相关企业调查了解其生产经营、运输成本及有关费用情况，保证各项数据准确。

　　（3）开发的项目要避免产生资金合作，以防本公司遭受经济损失。

　　合同管理安全风险控制措施包括：

　　（1）认真执行国家及地方政府的政策法规，遵守工商、税务部门的有关规定。

　　（2）协助其他部门仔细研究经营合同的各项条款内容，做到不错不漏，防止合同纠纷，避免经济损失。

三、人力资源部门税务风险应对措施

企业人力资源部门举办培训活动，可以有效应对税务风险。在培训过程中，可以定期聘请专家进行涉税知识辅导，帮助企业完善内部控制等工作，及时堵塞税务漏洞，降低企业涉税风险。除了培训外，还要加强人力资源部门的管理，防范税收廉政风险。

（1）加强职业道德教育。坚持搞好廉政教育，增强廉洁意识，自觉遵守各项廉政规定；认清税收廉政风险的现实情况，在税收执法过程中，自觉控制税收廉政风险的发生，避免不作为和作为不当的情况；树立服务观，切实解决纳税人的实际困难。

（2）构建科学管理机制。抓好各种岗位人员调配工作，建立良好的轮岗机制，最大限度地发挥人才潜力；拓展人才培养平台，实现专业知识与文化素养并重、组织学习与效果考察并重、理论知识与实际能力并重；健全科学的考评机制，建立人才库，实施动态管理，形成竞争态势，从源头上防范税收廉政风险。

四、采购部门税务风险应对措施

在整个采购流程中，能否建立起一套对各部门、主要人员起到制衡作用的制度，是整个采购制度的主要风险点。在采购环节中，采购部门要明确供应商增值税发票的法律风险。

在实践中，采购人员应对税务风险的方法有很多。例如，签订合同时不要出现"全部支付完毕后，销售方一次性开具发票"的条款；从小规模纳税人购进货物时，不能提供增值税专用发票，应当要求对方向税务机关申请代开专用发票或降低价格；发票的抬头必须是付款单位的全称；发票的印章只能是"发票专用章"，加盖其他任何章均无效；企业

取得的发票必须开具具体的货物或劳务的名称，如果开具大类货物或劳务的名称，必须附销售单位开具的销售清单，否则不得扣除。除此之外，采购中要求供应商多开发票的风险管控、对开发票的风险管控等，都是需要采购人员学习并熟练运用的。

总体来说，企业只有从上至下紧紧围绕税收风险管理目标来强化领导，调整职能，明确职责，加强衔接，共同参与，协同推进，才能高效应对各类税务风险，促进企业稳步、健康、良性发展。

第五节　税企积极互动，创造"双赢"局面

现在税务机关的税收管理和企业纳税方式都有许多创新，展现出金税时代的新气象。税务机关完善纳税信用管理制度，可以增强与企业之间的联动。企业在经营中如遇到涉税问题，可以借助网上平台或线下活动与主管税务机关进行沟通。下面就税企双方的互动谈一些思路和建议。

一、税务机关：线上线下双管齐下，助力税收政策执行更到位

税务机关为了使税收政策执行到位，采取了线上线下两种方式。线上主要通过搭建税企互动平台为企业提供服务，线下主要是举行各种活动宣传贯彻税收新政。

税企互动平台围绕税务机关、税务干部和涉税企业这三大目标主体，提供"一站式"涉税服务，服务内容包括政策法规、服务指南、办事流程、风险提示、任务下达，并提供全方位的信息互动等；服务渠道包括电脑客户端软件、手机客户端软件、平板客户端软件、短信和交互式网站等。例如，税务机关可及时向纳税人自动、批量或定向推送将要

发生或已发生的各类税收风险，而纳税人也可及时了解经营过程中存在的各类风险，提升税法遵从度，形成和谐征纳关系。

税企互动平台为税务干部提供了涉税服务的支撑，税务干部可以针对不同的纳税人，点对点推送风险、任务、通知、公告和消息；通过对各类报表及数据信息的无纸化采集，能够将税务管理人员从日常烦琐的逐户通知方式中解脱出来，减轻工作负担，促进纳税服务质量和税收征管效率的提高；同时，为纳税人提供了一个快捷、实用、有效的在线信息互动平台，使纳税人能及时了解相关涉税信息，实时开展税收咨询，享受一对一的纳税服务，从而实现了税企双方零距离接触，大大减少了纳税人往返税务部门的次数，节约了办税成本，提高了纳税人的满意度和税法遵从度。

通过线下活动来宣传贯彻税收新政，对政策进行全面深入的解读，可以让社会各界充分了解、掌握和用好税收政策，不断释放市场主体的活力，助力经济高质量发展。目前，这类活动有很多，例如，2018年4月27日，国家税务总局举办了第二季度税收政策解读暨新闻发布会。这是一场"互动式"政策解读会，会议特别设置了提问环节，基层税务人员和纳税人代表拿起话筒，面对面向税务总局相关司局负责人直接提问，诸如："以前我们公司为了方便开票自愿成为一般纳税人，5月1日后能转为小规模纳税人吗？""个人税收递延型商业养老保险将如何落地？"大家认真聆听，踊跃提问，成为政策解读会的另一个主角。

二、企业方面：建立与主管税务机关的长效沟通机制

税收是企业必须支付的外部成本。为了实现内在利益、降低税负，企业必须正确、及时地解决纳税争议，否则会给企业经营造成不良影响，甚至导致经济或名誉上的损失。尤其是在企业税务筹划中，不仅要

全面掌握税务法规，还要密切保持与税务部门的联系与沟通。

在对某些模糊或新生事物的处理上，要及时得到税务部门的认可。还要尽早获取国家对相关税务政策调整或新政策出台的信息，及时调整税务筹划方案，尽量降低风险，趋利避害，争取最大的收益。因此，企业应该与当地税务机关建立一种良好的沟通机制。

企业建立与主管税务机关的长效沟通机制，主要应做以下三件事，如表5-2所示。

表5-2 企业建立与主管税务机关的长效沟通机制的三项措施

事项	含义
企业涉税减免备案和审批事项制度化	减免税是指依据税收法律、法规以及国家有关税收规定给予纳税人减税、免税。减税是指从应纳税款中减征部分税款；免税是指免征某一税种、某一项目的税款。根据国家税收法律的规定，只要企业享受各种税收优惠政策，就必须去当地税务机关办理备案手续。企业应将涉税减免备案和审批事项制度化，按照国家政策规定和当地税务机关的要求，提供和备齐有关的涉税资料，到当地税务主管部门进行备案或尽早得到税务机关的审批，从而使企业充分享受国家税收优惠政策，避免多缴纳税款
处理好关系，低成本化解税企争议	在税款征纳过程中，企业与税务机关之间经常会对税务机关实施的具体行政行为的有效性或适当性产生认识上的分歧，并由此引发纳税争议。在目前税务机关与纳税人之间的和谐征税关系没有完全建立起来的情况下，企业一定要与当地税务部门处理好关系，这将会给企业节省不少纳税成本。当出现税企争议时，要尽量寻找与当地税务机关的协商解决渠道，低成本解决争议
规避涉税政策适用的不确定性风险	企业之所以会面临税务风险，关键在于一些涉税事项存在不确定性。如果企业能够与当地税务机关建立长效的沟通机制，则完全可以使企业通晓当地的一些税收政策规定，并就某些涉税不确定事项，在适用税收政策时，尽快取得当地税务机关的裁定，从而更准确地进行税务成本的预算，消除被处罚的风险

在具体的沟通过程中，至少要做到以下几点：一是税务知识全面，账务处理得当，税务申报及时，申报操作准确，表格资料齐全；二是高度重视，善于利用各种沟通渠道和途径，如12366、微信公众平台、税务局网站等，多问多学；三是多建立税务人脉和公务系统人脉关系。

第六章

金税时代的企业税收筹划

金税三期时代，税务稽查和监控趋严，如何做好税收筹划是企业的一项重要工作。纳税人在不违背立法精神的前提下，充分利用税法中固有的起征点、减免税等一系列优惠政策，通过对筹资、投资和经营等活动的巧妙安排，可以达到少缴税甚至不缴税的目的。为此，本章将分析企业税收筹划的思路、方法与风险，介绍企业所得税纳税筹划、增值税的会计处理实务、主营业务收入管理、企业避税策略与方法等。

第一节 企业税收筹划的思路、方法与风险

很多企业以前为了避税，采取买发票、虚增成本、虚增人头等高风险方式，事实证明这些都是随时可能爆炸的一个定时炸弹。在国地税合并和金税三期的大背景之下，企业应按照什么思路和方法进行税收筹划呢？又要规避哪些风险呢？

一、企业税收筹划的基本思路

企业税收筹划的目标是减轻税收负担，实现涉税零风险，获取资金的时间价值，提高自身经济效益，维护主体合法权益；原则是不违背税收法律规定，事前筹划。本着这样的目标和原则，企业税收筹划可以按

照以下思路进行，如表 6-1 所示。

表 6-1　企业税收筹划的基本思路

思路	含义
缩小课税基础	缩小课税基础为企业的税收筹划提供了一种比较重要的思路，它不但可以直接减少应纳税额，而且可以间接适用较低的税率，从而达到双重减税的效果。例如，使各项收入最小化，在税法允许的范围和限额内，使各项成本费用最大化等。税法规定，企业有些项目的税前扣除比例是有限制的，如企业的广告支出费用、员工福利支出费用和对外捐赠资金等，一旦达到企业各项成本费用的最大值，就应该相应地减少税前扣除比例。这样企业就可以在自身总体发展目标和谋划收支的基础上，积极缩小课税基础
降低税率	只有极少数税种会按照固定不变的税率进行纳税，很多纳税项目的税率是大小不等的，而且目前企业普遍采取的是累进税率，这有效提高了企业的节税效果。累进税率的特点是税基越大，税率越高。在财政方面，累进税率的弹性更大，它使税收收入的增长速度快于经济的增长速度；而在经济方面，累进税率也有"自动稳定器"的作用，能自动地调节社会经济总需求。因此，很多企业比较倾向于选用累进税率
延缓纳税期限	资金有时间价值，通过延缓纳税期限，可享受无息贷款的利益。一般而言，应纳税款期限越长，所获得的利益越大。如将折旧由平均法改为定率递减法，即可获得延缓纳税的利益
合理归属所得年度	合理归属所得年度可以通过收入、成本、损费等项目的增减或分摊而达成，但需要正确预测销售的形成、各项费用的支付，以了解企业获利的趋势，做出合理的安排，享受最大的利益
合理规划	企业应该制订年度工作计划，规划整体发展思路，同时判断企业各项产品的销售形式，做好产品生产和其他各项财务支出的预算，从而使企业获得较多的利益。当然，目前企业资金有非常重要的时间价值，如果能够延缓纳税期限，企业所获得的利润将会更大。所以，企业可以在合理规划所得年度归属的基础上，同步延缓纳税期限，从而使企业获取更多的利益

二、企业税收筹划的方法

税收筹划方法包括组织架构筹划、日常经营筹划、重组业务筹划等内容。下面主要讲一讲组织架构筹划和日常经营筹划。

组织架构主要涉及分公司、子公司及合伙企业，其具体的税收筹划方法如表 6-2 所示。

表 6-2　企业组织架构筹划方法

事项	筹划方法
子公司和分公司的选择	当一个企业在外地或国外投资时，它可以在建立常设机构、分公司或子公司之间进行选择。一些低税地区、低税国可能对具有独立法人地位的投资者的利润不征税或只征收较低的税，并与其他地区或国家广泛签订税收协定，对分配的税后利润不征或少征预提税。分公司不是独立的法人，税收待遇不同于子公司，但其只负有限纳税义务，且经营初期境外企业往往会出现亏损，作为分公司的亏损可以冲抵总公司的利润，从而减轻税负。那么，纳税人可在分支机构设立前期采用分公司的形式，后期采用子公司的形式
公司和合伙企业的选择	目前许多国家对公司和合伙企业实行不同的纳税政策，公司的营业利润在企业环节课征公司税，税后利润作为股息分配给投资者，投资者还要缴纳一次个人所得税。而合伙企业营业利润不缴公司税，只课征各个合伙人分得收益的个人所得税。然而，公司有着便于筹集资金和分散风险的优势，纳税人应根据自身特点和需要慎重选择

日常经营筹划应考虑以下几个要点，如表 6-3 所示。

表 6-3　企业日常经营筹划要点与筹划方法

筹划要点	筹划方法
筹资筹划	借款、发行债券、发行股票是企业三大筹资方式。增加债务筹资比例，可以加大债务利息支出的抵税作用，降低总体资本成本，但同时也会加大企业的财务风险。选择何种筹资渠道，构成怎样的资本结构，限定多高的负债比率，是一种风险与利润的权衡取舍

续表

筹划要点	筹划方法
采购筹划	采购筹划在实务中有不同的情形： 一是视同销售。要注意增值税的视同销售范围。 二是混合销售。是指按"经营主业"来确定征税。成立独立核算的分公司或子公司，各自纳税。 三是买一赠一。企业以买一赠一等方式组合销售本企业商品的，不属于捐赠，应将总的销售金额按各项商品公允价值的比例来分摊确认各项销售收入。 四是折扣销售。是指销售方在销售货物或提供应税劳务时，因购买方购货数量较大等原因而给予的价格优惠。 五是关于纳税时间的筹划。按照增值税法的规定，纳税人销售货物的，只要开具了发票就需要确认货物销售收入并计算缴纳增值税。需要注意的是，增值税法的收入规定并不适用于企业所得税法
成本项目筹划	一般包括以下几项： 一是研发。企业开展研发活动时实际发生的研发费用，未形成无形资产计入当期损益的，在按规定据实扣除的基础上，按照本年度实际发生额的50%，从本年度应纳税所得额中扣除；形成无形资产的，按照无形资产成本的150%在税前摊销。 二是车费。承租方按照独立交易原则支付合理的租赁费，凭租赁费发票税前扣除外，租赁合同约定的在租赁期间发生的，由承租方负担的且与承租方使用车辆取得收入有关的、合理的费用，包括油费、修理费、过路费、停车费等，凭合法有效凭据予以税前扣除与进项抵扣；与车辆所有权有关的固定费用，包括车船税、年检费、保险费等，不论是否由承租方负担均不予税前扣除。需要把握的要点是：订立合同，其中要明确租金、油费、过路费等事项；租金代开发票时，租金金额大于等于车船税、年检费、保险费。 三是通信费。各通信公司各设一户头；公司及员工统一由公司支付通信费，并取得专票；员工个人使用部分做进项税转出。 四是招待费。这方面要尽可能地少用。员工年终聚餐餐费、午餐费、加班餐费应计入应付福利费；出差途中符合标准的餐费计入差旅费；员工培训时合规的餐费计入职工教育经费；企业管理人员在宾馆开会发生的餐费计入会议费；企业开董事会发生的餐费计入董事会会费

三、企业税收筹划的风险

企业在税收筹划过程中，由于各种原因可能会导致不同的风险，如表 6-4 所示。

表 6-4　企业税收筹划的风险

风险因素	风险分析
筹划基础不稳固	企业决策层对税收筹划不了解、不重视，甚至认为税收筹划就是搞关系、找路子、钻空子、少纳税；或是企业会计核算不健全，账证不完整，会计信息严重失真，造成税收筹划基础不稳固，在这样的基础上进行筹划，风险极强
政策变化的风险	税收政策具有不定期性或相对较短的时效性。税收筹划是事前筹划，每一项税收筹划从最初的项目选择到最终获得成功都需要一个过程，而在此期间，如果税收政策发生变化，就有可能使依据原税收政策设计的税收筹划方案由合法方案变成不合法方案，或由合理方案变成不合理方案，从而导致风险
税务行政执法不规范	无论哪一种税，都有一定的弹性空间，只要税法未明确，税务机关就有权根据自身判断认定是否为应纳税行为，因而税收政策执行偏差的可能性是客观存在的。企业合法的税收筹划行为，可能由于税务行政执法偏差导致税收筹划方案不合理或不合法，或被认为是恶意避税而受到处罚
筹划目的不明确	税收筹划要服务于企业财务管理和战略管理的目标。如果企业税收筹划方法不符合生产经营的客观要求，税负抑减效应过度，扰乱了企业正常的经营理财秩序，那么将导致企业内在经营机制的紊乱，最终招致更大的潜在风险
轻信理论	关于税收筹划的论述或书籍不少，但能够实际运用的不多。这些论述往往略去了达到税收筹划目标的许多前提条件和环境，也许并不实用
不重视筹划成本	任何税收筹划都有成本（即机会成本）。在进行税收筹划，减轻税负的同时，也会有相关成本支出。在税收筹划时，要进行成本-效益分析，以判断在经济上是否可行和必要；否则，很有可能得不偿失

续表

风险因素	风险分析
不知道税种之间的联系	每一种税看起来是独立的，有着单独的条例和实施细则，而事实上它们通过经济行为这一载体，有着或多或少的内在联系
不注意时效性	任何税收筹划方案都是在一定的时间和一定的法律环境下，以一定的企业经营活动为背景制定的，具有明显的时效性。真正的税收筹划成功者是那些不断进行财务创新和营销创新的先知先觉的人们

第二节　企业所得税纳税筹划的着眼点

企业所得税是对企业的所得征税，即对纯收入征税，因此筹划的着眼点应在于成本、费用与损失的认定以及纳税人对税收优惠措施的运用。为此，在实务中可以利用一些有效方式开展税务筹划。

一、利用税收优惠政策开展税务筹划

开展税务筹划的一个重要条件就是投资于不同的地区和不同的行业以享受不同的税收优惠政策。目前，企业所得税税收优惠政策形成了以产业优惠为主，区域优惠为辅，兼顾社会进步的新的税收优惠格局。区域税收优惠只保留了西部大开发税收优惠政策，其他区域的优惠政策已取消。产业税收优惠政策针对喀什和霍尔果斯两个特殊区域，主要体现在：促进技术创新和科技进步，鼓励基础设施建设，鼓励农业发展及环境保护与节能等。

企业开展税务筹划可以利用的税收优惠政策主要体现在以下几个方面：

（1）低税率及减计收入优惠政策。主要包括：对符合条件的小型微利企业实行20%的优惠税率；资源综合利用企业的收入总额减计10%。税法

对小型微利企业在应纳税所得额、从业人数和资产总额等方面进行了界定。

（2）产业投资的税收优惠。主要包括：对国家需要重点扶持的高新技术企业减按15%的税率征收所得税；对农林牧渔业给予免税；对国家重点扶持的基础设施项目进行投资的企业享受"三免三减半"税收优惠；对环保、节能节水、安全生产等专用设备投资额的10%从企业当年应纳税额中抵免。

（3）就业安置的优惠政策。主要包括：企业安置残疾人员所支付的工资加计100%扣除，安置特定人员（如下岗人员、待业人员、专业人员等）就业支付的工资也给予一定的加计扣除。企业只要录用下岗员工、残疾人士等，就能享受加计扣除的税收优惠。企业可以结合自身经营特点，分析哪些岗位适合安置国家鼓励就业的人员，筹划录用上述人员与录用一般人员在工资成本、培训成本、劳动生产率等方面的差异，在不影响企业效率的基础上，尽可能录用可以享受优惠的特定人员。

二、合理利用企业的组织形式开展税务筹划

在有些情况下，企业可以合理利用组织形式，对纳税情况进行筹划。例如，企业所得税"两法"合并后，遵循国际惯例将企业所得税以法人作为纳税人的标准，原内资企业所得税独立核算的标准不再适用，同时规定不具有法人资格的分支机构应汇总到总机构统一纳税。不同的组织形式分别使用独立纳税和汇总纳税，会对总机构的税负产生影响。企业可以利用新的规定，通过选择分支机构的组织形式进行有效的税务筹划。

企业在组织形式上有子公司和分公司两种选择。其中，子公司是具有独立法人资格，能够承担民事法律责任与义务的实体；而分公司是不具有独立法人资格，需要由总公司承担法律责任与义务的实体。企业采取何种组织形式需要考虑的因素主要包括分支机构盈亏、分支机构是否

享受优惠税率等。

第一种情况是，预计适用优惠税率的分支机构盈利，则选择子公司形式，单独纳税。

第二种情况是，预计适用非优惠税率的分支机构盈利，则选择分公司形式，汇总到总公司纳税，以弥补总公司或其他分公司的亏损。即使下属公司均盈利，此时汇总纳税虽无节税效应，但可降低企业的纳税成本，提高管理效率。

第三种情况是，预计适用非优惠税率的分支机构亏损，则选择分公司形式，汇总纳税，用其他分公司或总公司的利润弥补亏损。

第四种情况是，预计适用优惠税率的分支机构亏损，则要考虑分支机构扭亏的能力，若短期内可以扭亏宜采用子公司形式，否则宜采用分公司形式，这与企业经营策划有紧密的关联。不过总体来说，如果下属公司所在地税率较低，则宜设立子公司，享受当地的低税率。

在境外设立子公司时，由于子公司是独立的法人实体，在设立所在国被视为居民纳税人，所以通常要承担与该国其他居民公司一样的全面纳税义务。但子公司在所在国比分公司享受更多的税务优惠，可以享有与东道国居民公司同等的税务优惠待遇。如果东道国适用税率低于居住国，则子公司的积累利润还可以得到递延纳税的好处。分公司不是独立的法人实体，在设立所在国被视为非居民纳税人，所发生的利润与总公司合并纳税。但我国企业所得税法不允许境内外机构的盈亏相互弥补，因此，若在经营期间发生分公司经营亏损，分公司的亏损也无法冲减总公司的利润。

三、利用折旧方法开展税务筹划

折旧是为了弥补固定资产的损耗而转移到成本或期间费用中计提的

那一部分价值，折旧的计提直接关系到企业当期成本和费用的大小、利润的高低和应纳所得税的多少。折旧具有抵税作用，采用不同的折旧方法，需缴纳的所得税税款各不相同。因此，企业可以利用折旧方法开展税收筹划。

缩短折旧年限有利于加速成本回收，可以把后期成本费用前移，使前期会计利润后移。在税率稳定的前提下，所得税的递延缴纳相当于取得了一笔无息贷款。另外，当企业享受"三免三减半"的优惠政策时，延长折旧期限把后期利润尽量安排在优惠期内，可以减轻企业税负。

最常用的折旧方法有直线法、工作量法、年数总和法和双倍余额递减法等。运用不同的折旧方法，得到的折旧额在量上不一致，各期分摊的成本也存在差异，会影响各期的营业成本和利润。这一差异为税收筹划提供了可能。

四、利用存货计价方法开展税务筹划

存货的核算是企业会计核算的一项重要内容，对于产品成本、企业利润及所得税都有较大的影响。企业所得税法允许企业采用先进先出法、加权平均法或者个别计价法确定发出存货的实际成本，但不允许采用后进先出法。

选择不同的存货发出计价方法，会导致不同的销货成本和期末存货成本，产生不同的企业利润，进而影响各期所得税额。企业应根据自身所处的不同纳税期以及盈亏的不同情况选择不同的存货计价方法，使成本费用的抵税效应得到最充分的发挥。例如，先进先出法适用于市场价格普遍处于下降趋势的情况，可使期末存货价值较低，增加当期销货成本，减少当期应纳税所得额，延缓纳税时间。

在企业普遍感到流动资金紧张时，延缓纳税无疑是从国家获取一笔无息贷款，有利于企业资金周转。在通货膨胀的情况下，先进先出法会虚增利润，增加企业的税收负担，不宜采用。

五、利用收入确认时间的选择开展税务筹划

企业在销售方式上的选择不同，会对企业资金的流入和企业收益的实现产生不同的影响。这是因为不同的销售方式在税法上确认收入的时间不同。因此，通过对销售方式的选择，控制收入确认的时间，合理归属所得年度，可在经营活动中获得延缓纳税的税收效益。

企业所得税法规定的销售方式及收入实现时间的确认包括以下几种情况：

（1）直接收款销售方式。以收到货款或者取得索款凭证，并将提货单交给买方的当天为确认收入的时间。

（2）托收承付或者委托银行收款方式。以发出货物并办好托收手续的当天为确认收入的时间。

（3）赊销或者分期收款销售方式。以合同约定的收款日期为企业确认收入的时间。

（4）预付货款销售或者分期预收货款销售方式。以是否交付货物为确认收入的时间。

（5）长期劳务或工程合同。按照纳税年度内的完工进度或者完成的工作量确认收入的时间。

可以看出，销售收入确认关键在于是否交货这个时点，若交货取得销售额或取得索取销售额凭证的，则销售成立，确认收入，否则收入未实现。每种销售结算方式都有其收入确认的标准条件，企业通过对收入确认条件的控制即可控制收入确认的时间。

六、利用费用扣除标准的选择开展税务筹划

费用列支是应纳税所得额的递减因素。在税法允许的范围内，应尽可能地列支当期费用，减少应缴纳的所得税，合法递延纳税时间，从而获得税收利益。

企业所得税法允许税前扣除的费用划分为三类：

（1）允许据实全额扣除的项目。包括合理的工资薪金支出，企业依照法律、行政法规有关规定提取的用于环境保护、生态恢复等方面的专项资金，向金融机构借款的利息支出等。

（2）有比例限制部分扣除的项目。包括公益性捐赠支出、业务招待费、广告业务宣传费、工会经费等。企业要控制这些支出的规模和比例，使其保持在可扣除范围之内，否则将增加企业的税收负担。

（3）允许加计扣除的项目。包括企业的研究开发费用和企业安置残疾人员所支付的工资等。企业可以考虑适当增加该类支出的金额，以充分发挥其抵税作用，减轻企业税收负担。

允许据实全部扣除的费用可以全部得到补偿，所以企业应将这些费用列足用够。对于税法有比例限额的费用应尽量不要超过限额，限额以内的部分要充分列支；超额的部分，税法不允许在税前扣除，要并入利润纳税。因此，要注意各项费用的节税点。

第三节　增值税会计处理新规及科目设置实务

在会计实务、纳税申报中，增值税是一个较难操作的税种，加上增值税的相关法律、法规、规章较多，很容易出现错缴现象。为了避免错缴情况的发生，同时助力增值税的税务筹划，我们依据财政部于2016年

12月发布的《财政部关于印发〈增值税会计处理规定〉的通知》(财会〔2016〕22号)（以下简称《规定》），来解读增值税会计处理的有关问题，并介绍新规下的增值税会计科目及专栏设置。

一、《规定》中增值税会计处理问题解读

《规定》中涉及的增值税会计处理问题包括六个方面，现分别解读如下：

（1）关于待认证进项税额的结转。根据《规定》第二（一）2项，一般纳税人购进货物、加工修理修配劳务、服务、无形资产或不动产等发生非正常损失以及因其他原因而不应从销项税额中抵扣、按规定转出的进项税额，其进项税额按照现行增值税制度规定不得从销项税额中抵扣的，取得增值税专用发票时，应借记相关成本费用或资产科目，借记"应缴税费——待认证进项税额"科目，贷记"银行存款""应付账款"等科目。经税务机关认证后，根据有关"进项税额""进项税额转出"专栏及"待认证进项税额"明细科目的核算内容，先转入"进项税额"专栏，借记"应缴税费——应缴增值税（进项税额）"科目，贷记"应缴税费——待认证进项税额"科目。按现行增值税制度规定转出时，记入"进项税额转出"专栏，借记相关成本费用或资产科目，贷记"应缴税费——应缴增值税（进项税额转出）"科目。

（2）关于已验收入库但尚未取得增值税扣税凭证的货物等的暂估入账金额。在对《规定》第二（一）4项中已验收入库但尚未取得增值税扣税凭证的货物等暂估入账时，暂估入账的金额不包含增值税进项税额。一般纳税人购进劳务、服务等但尚未取得增值税扣税凭证的，比照处理。

（3）关于企业提供建筑服务确认销项税额的时点。根据《规定》

第二（二）1项，企业销售货物、加工修理修配劳务、服务、无形资产或不动产，应当按应收或已收的金额，借记"应收账款""应收票据""银行存款"等科目，按取得的收入金额，贷记"主营业务收入""其他业务收入""固定资产清理""工程结算"等科目，按现行增值税制度规定计算的销项税额（或采用简易计税方法计算的应纳增值税额），贷记"应缴税费——应缴增值税（销项税额）"或"应缴税费——简易计税"科目（小规模纳税人应贷记"应缴税费——应缴增值税"科目）。

企业提供建筑服务，在向业主办理工程价款结算时，借记"应收账款"等科目，贷记"工程结算""应缴税费——应缴增值税（销项税额）"等科目。企业向业主办理工程价款结算的时点早于增值税纳税义务发生的时点的，应贷记"应缴税费——待转销项税额"等科目，待增值税纳税义务发生时再转入"应缴税费——应缴增值税（销项税额）"等科目。增值税纳税义务发生的时点早于企业向业主办理工程价款结算的，应借记"银行存款"等科目，贷记"预收账款""应缴税费——应缴增值税（销项税额）"等科目。

（4）关于调整后的收入。《规定》第二（二）3项中，企业在全面推开营业税改征增值税前已确认收入且已经计提营业税但未缴纳的，根据调整后的收入计算确定销项税额时，该调整后的收入是指按照现行增值税制度调整后的收入，即不含税销售额。

（5）关于企业发生相关成本费用允许扣减销售额的账务处理中涉及的存货类科目。《规定》第二（三）1项中，企业发生相关成本费用按现行增值税制度规定允许扣减销售额的，在发生成本费用时，按应付或实际支付的金额借记"主营业务成本""存货""工程施工"等科目，贷记"应付账款""应付票据""银行存款"等科目。其中，存货类科目具体包括"材料采购""原材料""库存商品""开发成本"等，企业应根据本单位业务的实际情况予以确定。

（6）关于衔接的规定。根据《规定》附则，本规定自发布之日起施行，国家统一的会计制度中相关规定与本规定不一致的，应按本规定执行。2016年5月1日至本规定施行之间发生的交易由于本规定而影响资产、负债等金额的，应按本规定调整。

二、新规下的增值税会计科目设置

会计科目设置及核算内容是增值税会计处理的基础。《规定》适用所有的增值税纳税人，不管是营改增纳税人还是老增值税纳税人。由于科目设置和核算都发生了重大的变化，所以需要会计人员依据新规来设置增值税会计科目。

增值税会计科目及专栏设置包括一般纳税人和小规模纳税人。一般纳税人应当在"应缴税费"科目下设置"应缴增值税""未缴增值税""预缴增值税""待抵扣进项税额""待认证进项税额""待转销项税额""增值税留抵税额""简易计税""转让金融商品应缴增值税""代扣代缴增值税"等明细科目。小规模纳税人仅有三个科目，只需在"应缴税费"科目下设置"应缴增值税"明细科目，不需要设置上述专栏及除"转让金融商品应缴增值税""代扣代缴增值税"外的明细科目。

下面，我们来具体介绍一下增值税一般纳税人的会计科目及专栏设置。

（1）应缴增值税。"应缴增值税"属于计算科目，该明细账内设置的专栏最多，共有10项，它们是：

"进项税额"专栏，记录一般纳税人购进货物、加工修理修配劳务、服务、无形资产或不动产而支付或负担的、准予从当期销项税额中抵扣的增值税额。

"销项税额抵减"专栏，记录一般纳税人按照现行增值税制度规定因扣减销售额而减少的销项税额。

"已缴税金"专栏，记录一般纳税人当月已缴纳的应缴增值税额。

"转出未缴增值税"和"转出多缴增值税"专栏，分别记录一般纳税人月度终了转出当月应缴未缴或多缴的增值税额。

"减免税款"专栏，记录一般纳税人按现行增值税制度规定准予减免的增值税额。

"出口抵减内销产品应纳税额"专栏，记录实行"免、抵、退"办法的一般纳税人按规定计算的出口货物的进项税抵减内销产品的应纳税额。

"销项税额"专栏，记录一般纳税人销售货物、加工修理修配劳务、服务、无形资产或不动产应收取的增值税额。

"出口退税"专栏，记录一般纳税人出口货物、加工修理修配劳务、服务、无形资产按规定退回的增值税额。

"进项税额转出"专栏，记录一般纳税人购进货物、加工修理修配劳务、服务、无形资产或不动产等发生非正常损失以及因其他原因而不应从销项税额中抵扣、按规定转出的进项税额。

（2）未缴增值税。"未缴增值税"属于纳税科目，该科目核算一般纳税人月度终了从"应缴增值税"或"预缴增值税"明细科目转入当月应缴未缴、多缴或预缴的增值税额，以及当月缴纳以前期间未缴的增值税额。

（3）预缴增值税。"预缴增值税"属于特殊行业预缴，该科目核算一般纳税人转让不动产、提供不动产经营租赁服务、提供建筑服务、采用预收款方式销售自行开发的房地产项目等，以及其他按现行增值税制度规定应预缴的增值税额。

（4）待抵扣进项税额。"待抵扣进项税额"的关键词是"待抵扣"，该科目核算一般纳税人已取得增值税扣税凭证并经税务机关认证，按照现行增值税制度规定准予以后期间从销项税额中抵扣的进项税额。包括：一般纳税人自2016年5月1日后取得并按固定资产核算的不动产或者2016年5月1日后取得的不动产在建工程，按现行增值税制度规定准予以后期间从销项税额中抵扣的进项税额；实行纳税辅导期管理的一般纳税人取得的尚未交叉稽核比对的增值税扣税凭证上注明或计算的进项税额。

（5）待认证进项税额。"待认证进项税额"的关键词是"待认证"，该科目核算一般纳税人由于未经税务机关认证而不得从当期销项税额中抵扣的进项税额。包括：一般纳税人已取得增值税扣税凭证，按照现行增值税制度规定准予从销项税额中抵扣，但尚未经税务机关认证的进项税额；一般纳税人已申请稽核但尚未取得稽核相符结果的海关缴款书进项税额。

（6）待转销项税额。"待转销项税额"属于税会差异科目，该科目核算一般纳税人销售货物、加工修理修配劳务、服务、无形资产或不动产，已确认相关收入（或利得），但尚未发生增值税纳税义务而需在以后期间确认为销项税额的增值税额。

（7）增值税留抵税额。"增值税留抵税额"这个科目在2017年已经没有了，故不赘述。

（8）简易计税。"简易计税"明细科目核算一般纳税人采用简易计税方法发生的增值税计提、扣减、预缴、缴纳等业务。这个科目最好单独设置明细。

（9）转让金融商品应缴增值税。"转让金融商品应缴增值税"明细科目核算增值税纳税人转让金融商品发生的增值税额。转让金融商品应该单独设置核算科目。

（10）代扣代缴增值税。"代扣代缴增值税"明细科目核算纳税人购进在境内未设经营机构的境外单位或个人在境内的应税行为代扣代缴的增值税。

第四节　主营业务收入管理应避免的作假方式

企业主营业务收入是指销售商品或提供劳务等取得的营业收入。金税三期大数据会对企业主营业务收入变动率异常发出预警。主营业务收入变动率公式如下：

主营业务收入变动率＝（本期主营业务收入－上期主营业务收入）
÷上期主营业务收入

如果企业主营业务收入变动率低于行业平均变动率，则说明企业可能存在少计或不计主营业务收入的情况。

企业主营业务收入一般占企业营业收入的比重较大，会对企业的经济效益产生较大的影响，应重点加以核算。但有的企业为了达到某种目的，常在财务会计处理上采用各种作假手段，而这是企业在管理上应予以避免的。

一、发票管理不严格

发票是企业销售产品的主要原始凭证，也是计税的主要依据。在实际工作中，有些企业不按发票管理办法严格管理，在发票的使用和保管中存在一些问题，主要表现为开"阴阳票"、代他人开票等，从而给贪污盗窃、偷税漏税、私设"小金库"等舞弊行为留下了可乘之机。

二、销售收入的入账时间不正确

根据企业会计准则及会计制度规定，应以企业发出商品，并收讫货款或取得索取货款的凭证的时间作为销售收入的入账时间。违反入账时间，人为地改变入账时间，改变当期计税基数，随意调整当期的利润，会影响利润的真实性。

例如，某企业在这个月开具了价值50万元的发票，当期抵扣后应缴税金30000元。但企业觉得上缴税金可惜，决定只上缴16000元的税金。会计授意将开据税额为14000元的发票取出不下账，待下月再下账，再找进项，结果致使当月的发票领用存月报表、发票使用明细表等报表全部失真。

三、产品销售收入的入账金额不实

有些企业随意多记或少记销售收入金额，如销售商品时，以"应收账款"或"银行存款"直接冲减"库存商品"或"产成品"，从而造成当期损益不实。

例如，某企业销售一批节能灯，共计2万元，为了逃税，企业没有经过收入、销货成本核算，直接挂往来抵减产成品。

四、故意隐匿收入

为了达到少缴税、不缴税的目的，有些企业会人为地将正常的销售收入反映在"应付账款"内，作为其他企业的暂存款处理，将记账联单独存放，造成当期收入减少、利润减少。

例如，某企业销售一台电脑，消费者提走电脑并将5000元货款付给销货方，但未索取发票联。企业不知道消费者何时来取发票联，便将

5000 元的发票隐藏起来不做账，从而影响了当期损益。

五、白条出库，做销售入账

企业应在发出商品、提供劳务，同时收讫货款或取得索取货款的凭证时，确认产品销售收入的实现。但有的企业为了虚增利润，依据白条出库来确认销售收入的实现。

例如，领导开了一张白条，命令库管员将 5 万个产品发往 M 公司，让其代销，企业没有收到 M 公司的签收凭据，只用仓库发货的一张白条下账，作为收入的实现。企业本应在收到 M 公司的代销清单时再做销售处理，但为了虚调利润，在无任何结算单据的情况下，便以白条下了账。

六、预收货款提前转作销售收入

企业预先收到购货单位支付的货款，应通过"预收账款"账户进行核算，发出商品时，进行冲减"预收账款"的处理，同时，增加"产品销售收入"科目的核算。但为了调整利润，有些企业在产品还未发出时便转作销售收入，视为销售收入的实现。

例如，某企业销售设备，预收货款 80 万元。企业上月报表显示利润亏损，本月为了贷款，想有些盈利，但没有采取积极的管理措施，而采用了虚增产品销售收入的作假手段，将预收的货款 80 万元作为产品销售收入处理。结果：

该设备的成本为 480000 元

本期销项税为 104000 元

进项税为 62400 元

应缴纳的增值税为 80000 元

应缴纳的城建税为2912元

应缴纳的教育费附加为1248元

虚增利润为800000-480000-2912-1248=315840（元）

七、向预付款单位发出商品时，不做销售处理

财务制度规定，企业从购货单位预收货款后，应当在发出产品时，做实现销售的账务处理。但有些企业为了调整当期损益，会在预收购货单位的货款并向购货单位发出商品时，直接记入"分期收款发出商品"而不记入"产品销售收入"，从而偷逃税金，转移利润。

例如，某企业与购货方签订了一份产品销售合同，约定购货方预付货款100万元后三个月，销货方将货交于购货方。企业在收到货款时应当借记"银行存款"，贷记"预收账款"，发出产品时应借记"预收账款"，贷记"产品销售收入"。但企业不做冲减"预收账款"、增加"产品销售收入"的处理，而直接按产品的实际成本80万元，借记"分期收款发出商品"，贷记"产成品"。这样，企业不仅偷逃了税金，还虚减了利润。

八、虚设客户，调整利税

为了调增利润，有的企业虚设客户，编造产品销售收入。

例如，某企业为了保持微利目标，编造了假客户，虚增产品销售收入。具体表现为：财务部受领导授意，在某月未发生销售、未收到任何收款凭证的情况下，虚拟一个购货单位购买产品，并以货款暂欠500万元的白条作为原始凭证下了账。月末结转成本300万元，另外，应缴增值税为260000元，则企业上缴的城建税为18200元，教育费附加为7800元，从而通过多缴税金来掩盖虚增利润1974000元（5000000-3000000-18200-7800）的假象。

九、延期办理托收承付，调整当年利润

企业采用托收承付的结算方式销售产品，当产品发出，托收手续已办并取得收取价款的凭据时，应作为销售收入处理。但企业为了控制利润数额，少缴税，便延期办理托收手续，故意减少当期产品销售收入。

例如，某企业合同约定12月发出580万元的产品，但为了少缴税金，企业故意延期到下一年度才开具发票，办理托收，从而减少了当年利润，并将当年实现的销售利润转移到了下一年。

十、销货退回，虚拟业务

按规定，不论是本年度的销货退回，还是以前年度的销货退回，都要冲减当月销售收入。在实际工作中存在如下一些问题：对退回商品不入账，形成账外物；销货退回时不冲减销售收入，作为往来款项处理；虚拟退货业务等。

例如，某企业收到上月退回的价值30万元的质次商品，本应冲减当月的产品销售收入30万元，但为了不影响当月的损益，企业便故意将退回的产品虚挂了"应收账款"或"应付账款"的某一子目。

十一、延期结算代销产品，经办人员获利私吞

企业委托其他单位代销产品时，代销清单应按企业与代销单位商定的日期按时提供，作为委托单位下账的原始依据。有的委托单位的经办人私用职权，允许代销单位延期提供代销清单，这是一种不法行为。

例如，某企业委托某公司代销商品，商定代销单位每月末向委托单位提供代销清单，以便及时进行货款结算。但代销单位为了占用代销款进行其他经营活动，串通委托单位的经办人，故意拖延提供代销清单的

时间，使代销单位长期占用资金 100 万元，委托单位的经办人也从中获利 1 万元。

十二、赊销商品转作收入，虚增存货周转率

企业将没有产生收入的赊销产品，按现销作为当期的收入处理，以至于提高了企业的存货周转率。

例如，某企业实现产品销售年收入 8000 万元，其中赊销款为 2400 万元，存款平均成本为 4000 万元，存货的实际周转率为 1.4 次。企业向银行提供报表，为了反映运作较好，将赊销款作为销售收入处理，虚增了收入，使存货周转率由原来的 1.4 次提高到 2 次。

十三、低价出售产品，经办人员捞取回扣

在市场竞争中，企业在业务上允许销售人员根据情况在给定的价格变动幅度内上下浮动，这就使经办人员有机可乘。

例如，某企业在与购货方商谈价格的过程中，销售人员为了自己牟利，以较低的价格出售，购货方不要发票。最后，销售人员从中可得好处 5000 元，使企业销售收入虚减了 5000 元。

十四、产品"以旧换新"，用差价计收入

企业采用"以旧换新"的促销方式时，对新旧产品都应下账处理，对回收的旧产品应做购进处理，对发出的新产品应做销售处理，但企业却用差价计收入，以少缴税款。

例如，某企业新产品的售价为 100 万元，回收旧产品的协议价为 50 万元，新旧产品交换后，购货方付款 50 万元。企业对换回的旧产品进行加工修复后，成本变成了 60 万元，后以 100 万元售与另一企业。

结果，企业将新旧差价 50 万元直接计入收入处理，加工后产品销售直接冲减了生产成本，使企业少计收入 150 万元，少缴增值税 3 万元，少缴城建税 2100 元，少缴教育费附加 900 元，影响了利润和所得税。

十五、凭空填制记账凭证，将收入转为损失

结账时，当发现收入太大，税金过高，有的企业会凭空填制记账凭证，虚减产品销售收入，将收入转为财产损失计入当年损益。

例如，某企业在月终转账时，为了调减收入，制作了一张虚假的记账凭证。记账凭证摘要里注明：因质量问题退回 A 产品 80 万元。财务直接红字冲减了销售收入，同时虚挂了一个"其他应付款"的往来账户，从而掩盖了收入，少缴了税金。

十六、补收的销售额直接计入营业外收入

因报价错误，企业少收了货款，向购货方追缴货款后，企业直接计入营业外收入，从而减少了销项税额。

例如，某企业财务因失误而将本应收 100 万元货款的产品，只按 80 万元收账。经过企业与购货方商谈，购货方同意补付货款，同时不要发票，只要一个内部收据即可。但是，某企业财务人员将补收的 20 万元货款不做销售收入处理，而直接计入了营业外收入，从而影响了应缴增值税及其附加税的金额。

十七、销售折扣与折让处理不规范

按规定，工业企业发生的销售折扣及折让应抵减产品销售收入项目，商品流通企业则单独将其反映在"销售折扣与折让"账户。但企业在工作中经常虚设折扣与折让事项以冲减收入。

例如，某工业企业为了调节利润，在已结账的情况下，随意调整报表上的销售折扣与折让，以满足报表使用者（如银行）的要求。

十八、以销售折扣与折让的名义截留资金

企业通常把属于销售收入的金额以折让与折扣的名义擅自截留，存入"小金库"，以便用在一些非法支出上。

例如，某企业领导要送礼，财务在销售收入中以销售折扣与折让的名义挤出部分资金，满足领导的需要。

十九、销售退回的运杂费一并混入销售冲销

企业销售货物而发生退回时，经双方协议，退回的运杂费由销货方来承担，但企业将销售退回的运杂费一并冲销销售收入，使企业虚减收入。

例如，某企业销售一批货物，质量出现问题，购货方将部分价值20万元的产品退回。双方协商决定，退货的运杂费1万元由销货方负担。企业收到有关运杂费的单据时，本应计入"经营费用"，却直接冲减了销售收入，使销售收入失真，产生了错误的会计信息。

二十、对来料加工节省的材料不做收入处理

工业企业对外进行加工、修理修配业务，按合同规定节省的材料可留归企业所有，该企业将节省的材料作价出售，却不做收入处理，留待以后备用。

例如，某企业承揽了一项来料加工业务，合同规定若有余料将归受托单位所有。该企业对来料加工完毕后，将节省的材料对外出售，取得价款8000元，但未做收入处理，而直接入了"小金库"。

二十一、将工业性劳务收入直接冲减成本

工业企业从事工业性劳务,属于主营业务,对其收入与成本应进行明细核算,将劳务收入记入"产品销售收入",期末结转其成本。但为了逃税,有的企业会将工业性劳务收入直接记入"生产成本",从而冲减劳务成本。

例如,某企业全年加工劳务收入 100 万元,成本 80 万元。企业将取得的收入直接冲减生产成本 100 万元,逃避了应缴的增值税及 10%的附加税。

二十二、在建工程领用产成品不做销售处理

企业在建工程在领用自制产品时,应视同销售。结算时按产品售价,借记为"在建工程",贷记为"产品销售收入"。但有的企业为了降低固定资产的造价,在领用自制产品时不做销售收入处理,而是直接冲减成本。

例如,某企业因资金困难,为了缓解资金矛盾,在一个领用自制产品的扩建项目中,将应作为收入处理的价值 50 万元的产品直接冲减"产成品"成本,使投资方增大了投资。

第五节 企业避税方法及中小企业家避税策略

合理避税是纳税人在遵守国家法律及税收法规的前提下,在多种纳税方案中做出利益最大化的决策。合理避税具有合法性,它与偷税、漏税及弄虚作假钻税法空子有着本质的区别。

一、利用税收优惠政策避税

这方面有以下几个优惠政策可以利用:

1. 国家对高新技术企业的税收优惠政策

企业的研发费用可以按 175% 进行企业所得税的税前扣除。申请成为"高新技术企业"后,可以少缴 10% 的企业所得税,按照利润的 15% 缴纳(非高新技术企业需要缴纳 25% 的企业所得税)。

2. 小型微利企业的税收优惠政策

《财政部 税务总局关于实施小微企业普惠性税收减免政策的通知》(财税〔2019〕13 号)规定:

(1)对月销售额 10 万元以下(含本数)的增值税小规模纳税人,免征增值税。

(2)对小型微利企业年应纳税所得额不超过 100 万元的部分,减按 25% 计入应纳税所得额,按 20% 的税率缴纳企业所得税;对年应纳税所得额超过 100 万元但不超过 300 万元的部分,减按 50% 计入应纳税所得额,按 20% 的税率缴纳企业所得税。

上述小型微利企业是指从事国家非限制和禁止行业,且同时符合年度应纳税所得额不超过 300 万元、从业人数不超过 300 人、资产总额不超过 5000 万元等三个条件的企业。

从业人数,包括与企业建立劳动关系的职工人数和企业接受的劳务派遣用工人数。所称从业人数和资产总额指标,应按企业全年的季度平均值确定。具体计算公式如下:

季度平均值 =(季初值 + 季末值)÷ 2

全年季度平均值 = 全年各季度平均值之和 ÷ 4

年度中间开业或者终止经营活动的,以其实际经营期作为一个纳税年度确定上述相关指标。

(3)由省、自治区、直辖市人民政府根据本地区实际情况,以及宏观调控需要确定,对增值税小规模纳税人可以在 50% 的税额幅度内减征资源税、城市维护建设税、房产税、城镇土地使用税、印花税（不含证券交易印花税）、耕地占用税和教育费附加、地方教育附加。

（4）增值税小规模纳税人已依法享受资源税、城市维护建设税、房产税、城镇土地使用税、印花税、耕地占用税、教育费附加、地方教育附加其他优惠政策的，可叠加享受本通知第三条规定的优惠政策。

（5）《财政部 税务总局关于创业投资企业和天使投资个人有关税收政策的通知》（财税〔2018〕55号）第二条第（一）项关于初创科技型企业条件中的"从业人数不超过200人"调整为"从业人数不超过300人"，"资产总额和年销售收入均不超过3000万元"调整为"资产总额和年销售收入均不超过5000万元"。

2019年1月1日至2021年12月31日期间发生的投资，投资满2年且符合本通知规定和财税〔2018〕55号文件规定的其他条件的，可以适用财税〔2018〕55号文件规定的税收政策。

2019年1月1日前2年内发生的投资，自2019年1月1日起投资满2年且符合本通知规定和财税〔2018〕55号文件规定的其他条件的，可以适用财税〔2018〕55号文件规定的税收政策。

（6）本通知执行期限为2019年1月1日至2021年12月31日。

3. 年终奖缴税的优惠政策

年终奖是对企业员工一年来工作业绩的肯定。年终奖的准确叫法是"全年一次性奖金"，年终奖个税计税方法是一种比较优惠的算法，是全年仅有的一次可以除以12计算合适税率的税收优惠。"年末双薪制"是最普遍的年终奖发放形式之一，大多数企业尤其是外企普遍采用这种方法。

用"全年一次性奖金"税收优惠政策来减轻税负，还需注意以下事项：

（1）纳税人取得全年一次性奖金，单独作为一个月工资、薪金所得计算纳税。在一个纳税年度内，对每一个纳税人，该计税办法只允许采用一次。

（2）纳税人取得除全年一次性奖金以外的其他各种名目的奖金，如半年奖、季度奖、加班奖、先进奖、考勤奖等，一律与当月工资、薪金收入合并，按税法规定缴纳个人所得税。

（3）由于个人所得税的法定纳税主体是个人，企业为员工承担的个人所得税不能税前扣除，在年度汇算清缴时，企业应进行纳税调整，调增应纳税所得额。

4. 区域税收优惠政策

（1）财税特区霍尔果斯与喀什。霍尔果斯位于新疆维吾尔自治区伊犁哈萨克自治州，是"一带一路"发展的关键节点，拥有中国西部综合运量最大、自然环境最好、功能最齐全的国家一类陆路公路口岸，当地人从事的工作多数跟边境贸易有关。可是通关口岸没什么盈利，为了让当地产业存活下来，2010年国家出台新政策，只要满足相关条件，五年内可以免征企业所得税；五年后，当地政府还会返还部分税收。财税政策堪称国内最优。

霍尔果斯当地政府利用自己的政策优势，大力招商引资，在最近几年的时间里，成功引入数以万计的各类企业，涉及不同的行业，如金融、文化、体育、影视、娱乐等。

根据《关于加快喀什、霍尔果斯经济开发区建设的实施意见》（新政发〔2012〕48号）以及《财政部、国家税务局关于新疆喀什、霍尔果斯两个特殊经济开发区企业所得税优惠政策的通知》（财税〔2011〕112号）等，对从2010年1月1日至2020年12月31日期间在喀什经济开发区新设的企业，五年内免征企业所得税；免税期满后，再免征企业五年所得税地方分享部分，采取以奖代免的方式，由开发区财政局将免征的所得税地方分享部分以奖励的方式对企业进行补助。

可以享受企业所得税"五免五减"的行业包括：

1）金融服务业。包括：创业投资；融资租赁；商业保理；融资担保；信用担保服务体系建设；农村金融服务体系建设；农业保险、责任保险、信用保险。

2）影视、文化传媒服务业。包括：广播影视制作、发行、交易、播映、出版；广告创意、策划、设计、制作；动漫创作、制作、传播、出版、衍生产品开发。

3）信息科技产业。包括：电子商务；软件开发生产；应急通信、农村通信、行业和信息化通信设施建设、设备制造及网络改造、业务运营；数字音乐、手机媒体、动漫游戏等数字内容产品的开发系统；数字音乐、手机媒体、网络出版等数字内容服务，地理、国际贸易。

4）专业服务业。包括：工程咨询服务；人力资源管理咨询；人力资源服务业；利用信息技术改造提升传统商品交易市场；会展服务；应急咨询、培训、租赁和保险服务。

（2）其他区域的政策支持。当然，中国并不是只有霍尔果斯和喀什有税收优惠政策，凡是在经济特区、沿海经济开发区和经济技术开发区所在城市设立的企业，都能享受到很大的税收优惠。另外，香港特别行政区也有一定的税收优惠政策。

香港的税率很低，究竟低到什么程度？在香港，所有符合条件的个人都能享有免税额。除了基本免税额外，能增加免税额的有：拥有子女，供养兄弟姐妹、父母、祖父母或外祖父母，伤残受养人，伤残人士。香港政策为正在照顾、供养亲人的纳税人提供了一种保障，为他们减轻了负担。另外，香港的税种较少，主要是企业所得税（利得税）、薪俸税与个人所得税、物业税、印花税以及进出口关税，没有增值税和营业税。

二、运用节税技巧避税

节税技巧在避税筹划中也很重要，尤其是对于创业者来说，不可不知（见表6-5）。

表6-5　企业节税的五个技巧

技巧	含义
将个人专利以技术入股的形式投入公司	如果企业老板或员工个人拥有专利，并将其提供给公司使用，则公司在对待个人专利时，可以为其合理估价，以有价入股的形式纳入公司使用，并签订正式的合同。这样一来，专利就会成为公司的无形资产，会计人员可以采用合理摊销的方式，将其计入成本费用，从而减少利润，达到节税的目的
合理提高员工福利，计入成本，摊销利润	中小企业主在生产经营的过程中，可以在不超过计税工资的范畴内适当提高员工工资。例如，为员工办理医疗保险，建立职工基金（如养老基金、失业保险基金、教育基金等），增加企业财产保险和运输保险等。如此一来，不仅可以调动员工的积极性，而且这些费用都可以列入企业的成本，从而摊销企业利润，减少税负
混合销售要依法签订合同，分别计税	一项销售行为如果既涉及服务又涉及货物，就是混合销售。这里包含两个要素：一是必须是同一项销售行为，二是必须要涉及服务和货物，二者缺一不可。其中也有需要注意的税务筹划点，如一家生产设备并提供安装服务的商家，肯定想要做低材料价格，做高安装服务价格，让本来该征收13%材料增值税的销售额变成只征收9%的建筑服务增值税，以此降低增值税负担，提升税后收入。但对于购买方来说，则希望获得更多的进项抵扣税，以此来提高报销额，也就是希望对方按照13%的税率纳税。所以如何开票是双方博弈的过程，各家会计要认清这一点，避免在税务往来中导致自家多缴税。最明智的做法就是依法签订合同，分别计税，公平合理

续表

技巧	含义
发票丢失后及时补救，仍能报销和入账	丢失发票可以采取以下两种措施进行补救：第一，从外单位取得的原始凭证如有遗失，应当取得原开出单位盖有公章的证明，并注明原来凭证的号码、金额和内容等，由经办单位会计机构负责人、会计主管人员和单位领导人批准后，代作原始凭证。第二，如果确实无法取得证明，如火车票、轮船票、飞机票等凭证，则由当事人写出详细情况，由经办单位会计机构负责人、会计主管人员和单位领导人批准后，代作原始凭证
成本费用中的公司费用与股东个人费用要划分清楚	有些公司出资购买了房屋、汽车，却将权利人写成了股东，而不是出资的单位，而且该笔资金也没有在账面上列示股东的应收账款或其他应收款。这是成本费用中公司费用与股东个人费用相混杂的事例。按照《个人所得税法》及国家税务总局的有关规定，上述事项视同股东从公司分得了股利，必须代扣代缴个人所得税，相关费用不得计入公司成本费用，要在账面上列示股东的应收账款或其他应收款，从而给公司带来额外的税负

三、中小企业家避税策略

对于避税，中小企业家和财务人员需要解决不同的难题，而前者应该从更宽阔的视野来面对这个问题。那么，中小企业家究竟应该采取哪些避税策略呢？具体如表6-6所示。

表6-6 中小企业家避税策略

策略	含义
注册到"避税绿洲"	凡是在经济特区、沿海经济开发区和经济技术开发区所在城市的老市区，国家进行政策倾斜扶持的新疆霍尔果斯和喀什，以及国家认定的高新技术产业区、保税区设立的生产、经营、服务型企业和从事高新技术开发的企业，都可享受较大程度的税收优惠。中小企业在选择投资地点时，可以有目的地选择以上特定区域，从而享受更多的税收优惠

续表

策略	含义
进入特殊行业	例如，托儿所、幼儿园、养老院、残疾人福利机构；婚姻介绍、殡葬行业；医院、诊所和其他医疗机构；安置"四残人员"占企业生产人员35%以上的民政福利企业；等等
做"管理费用"的文章	企业存在一定的流转税优惠，可提高坏账准备金的提取比率，因为坏账准备金是要进入管理费用的，这样就减少了当年的利润，可以少缴所得税。企业可以尽量缩短折旧年限，这样折旧金额增加，利润减少，从而少缴所得税。另外，采用的折旧方法不同，计提的折旧额相差很大，最终也会影响到所得税额
做足"销售结算"的文章	选择不同的销售结算方式，推迟收入确认的时间。企业应当根据自己的实际情况，尽可能延迟收入确认的时间。例如，某电器销售公司当月卖掉10000台各类空调，总计收入2500万元左右，按13%的销项税，要缴325万元的税款，但该企业马上将下月进货税票提至本月抵扣。由于货币的时间价值，延迟纳税会给企业带来意想不到的节税效果
合理提高职工福利	中小企业私营业主在生产经营过程中，可考虑在不超过计税工资的范畴内适当提高员工工资，为员工办理医疗保险，建立职工养老基金、失业保险基金和职工教育基金等统筹基金，增加企业财产保险和运输保险等。这些费用可以在成本中列支，有助于调动员工的积极性，减少税负，降低经营风险和福利负担，从而以较低的成本支出获得良好的综合效益

值得一提的是，合理避税并不是逃税漏税，而是一种正常合法的活动。合理避税不仅是财务部门的事情，还需要与其他各部门大力合作，从合同签订、款项收付等各个方面入手进行谋划。

第七章

金税时代的企业财税管控方法

财税管控作为现代企业管理水平的重要标志，是指运用特定的方法、措施和程序，通过规范化的手段，对企业的财税活动进行管理控制，以保证公司实现既定的经营方针和目标。面对金税三期时代的重大挑战，企业更加需要有效的财税管控方法，为此，要充分了解企业税收评估的预警指标，对增值税进行财税管控，务实汇算清缴企业所得税，大力实施企业税务管理信息化建设，遵循个税申报步骤并妥善处理遇到的问题。

第一节 金税时代企业税收评估的 20 项预警指标

金税三期工程最重要的特点就是推行征管数据集中采集、大数据纳税风险评估以及电子稽查。在全面推行营改增之后，发票管理系统的信息化得到了巨大提升，标志着税务稽查进入大数据时代。如今，传统的税务稽查已经被颠覆，纳税人涉税信息在"金三"系统下完全无法隐藏，企业面临的税务风险激增，所以必须掌握"金三"系统下税收评估的预警指标。

有专业人士总结了 20 个可能引起税务稽查的注意事项，并从预警值、指标值计算公式、税务考虑问题的方向三个方面给出提示。企业要认真学习，最大限度地降低税务预警风险。

一、增值税专用发票用量变动异常

预警值：纳税人开具增值税专用发票超过上月30%（含）并超过上月10份以上。

指标值计算公式：指标值＝一般纳税人专票使用量－一般纳税人专票上月使用量。

税务考虑问题的方向：增值税专用发票用量骤增，除正常业务变化外，可能有虚开现象。

二、期末存货大于实收资本差异幅度异常

指标值计算公式：纳税人期末存货额大于实收资本的比例。

税务考虑问题的方向：纳税人期末存货额大于实收资本，生产经营异常，可能存在库存商品不真实、销售货物后未结转收入等问题。

三、增值税一般纳税人税负变动异常

预警值：±30%。

指标值计算公式：指标值＝税负变动率；

税负变动率＝（本期税负－上期税负）×100%；

税负＝应纳税额÷应税销售收入×100%。

税务考虑问题的方向：纳税人自身税负变化过大，可能存在账外经营、已实现纳税义务而未结转收入、取得进项额不符合规定、享受税收优惠政策期间购进货物未取得可抵扣进项税额发票或虚开发票等问题。

四、纳税人期末存货与当期累计收入差异幅度异常

预警值：50%。

第七章　金税时代的企业财税管控方法

指标值计算公式：指标值 =（期末存货 – 当期累计收入）÷ 当期累计收入。

税务考虑问题的方向：若正常生产经营的纳税人期末存货额与当期累计收入对比异常，可能存在库存商品不真实、销售货物后未结转收入等问题。

五、进项税额大于进项税额控制额

预警值：10%。

指标值计算公式：指标值 =（本期进项税额 ÷ 进项税额控制额 –1）×100%；

进项税额控制额 =（本期期末存货金额 – 本期期初存货金额 + 本期主营业务成本）× 本期外购货物税率 + 本期运费进项税额合计。

税务考虑问题的方向：对纳税人申报的进项税额与进项税额控制额进行比较，如果申报的进项税额大于进项税额控制额，可能存在虚抵进项税额问题。应重点检查纳税人购进固定资产是否抵扣；用于非应税项目、免税项目、集体福利、个人消费的购进货物或应税劳务及非正常损失的购进货物是否按照规定做进项税额转出；是否存在取得虚开的专用发票和其他抵扣凭证的问题。

六、预收账款占销售收入的 20% 以上

预警值：20%。

指标值计算公式：指标值 = 评估期预收账款余额 ÷ 评估期全部销售收入。

税务考虑问题的方向：预收账款比例偏大，可能存在未及时确认销售收入的行为。

七、纳税人销售额变动率与应纳税额变动率弹性系数异常

预警值：1%。

指标值计算公式：指标值 = 销售额变动率 ÷ 应纳税额变动率；

销售额变动率 =（本期销售额 – 上期销售额）÷ 上期销售额；

应纳税额变动率 =（本期应纳税额 – 上期应纳税额）÷ 上期应纳税额。

税务考虑问题的方向：判断企业是否存在实现销售收入而不计提销项税额或扩大抵扣范围而多抵进项的问题。正常情况下两者应基本同步增长，弹性系数应接近1。若弹性系数大于1，且二者都为正数，则行业内纳税人可能存在本企业将自产产品或外购货物用于集体福利、在建工程等，不计收入或未做进项税额转出等问题。若弹性系数小于1，且二者都为负数，可能存在上述问题；若弹性系数小于1，且二者都为正时，无问题。当弹性系数为负数，前者为正、后者为负时，可能存在上述问题；后者为正、前者为负时，无问题。

八、纳税人主营业务收入成本率异常

预警值：工业企业为 –20%~20%，商业企业为 –10%~10%。

指标值计算公式：指标值 =（收入成本率 – 全市行业收入成本率）÷ 全市行业收入成本率；

收入成本率 = 主营业务成本 ÷ 主营业务收入。

税务考虑问题的方向：通常，企业出于自身利益的考虑以及扩大生产规模的需要，主营业务成本会呈现增长的趋势，所以成本变动率一般为正值。如果主营业务成本变动率超出预警值范围，则可能存在销售未计收入、多列成本费用、扩大税前扣除范围等问题。主营业务收入成本率明显高于同行业平均水平的，应判断为异常，需查明纳税人有无多转

成本或虚增成本的问题。

九、进项税额变动率高于销售税额变动率

预警值：10%。

指标值计算公式：指标值 =（进项税额变动率 − 销项税额变动率）÷ 销项税额变动率；

进项税额变动率 =（本期进项 − 上期进项）÷ 上期进项；

销项税额变动率 =（本期销项 − 上期销项）÷ 上期销项。

税务考虑问题的方向：若纳税人进项税额变动率高于销项税额变动率，则纳税人可能存在少计收入或虚抵进项税额的问题。应重点核查纳税人购销业务是否真实，是否为享受税收优惠政策已满的纳税人。

十、纳税人主营业务收入费用率异常

指标值计算公式：指标值 =（主营业务收入费用率 − 全市平均主营业务收入费用率）÷ 全市平均主营业务收入费用率 ×100%；

主营业务收入费用率 = 本期期间费用 ÷ 本期主营业务收入。

税务考虑问题的方向：主营业务收入费用率明显高于行业平均水平的，应判断为异常，需要查明纳税人是否多提、多摊相关费用，是否将资本性支出一次性在当期列支。

十一、纳税人存货周转率与销售收入变动率弹性系数异常

预警值：1%。

指标值计算公式：指标值 = 存货周转变动率 ÷ 销售收入变动率；

存货周转变动率 = 本期存货周转率 ÷ 上期存货周转率 −1；

销售收入变动率 = 本期销售收入 ÷ 上期销售收入 −1；

存货周转率 = 销售成本 ÷ 存货平均余额；

存货平均余额 =（存货期初数 + 存货期末数）÷ 2。

税务考虑问题的方向：正常情况下两者应基本同步增长，弹性系数应接近1。当弹性系数大于1，且两者相差较大，两者都为正时，可能存在企业少报或瞒报收入的问题；二者都为负时，无问题。当弹性系数小于1，二者都为正时，无问题；二者都为负时，可能存在上述问题。当弹性系数为负数，前者为正、后者为负时，可能存在上述问题；后者为正、前者为负时，无问题。

十二、纳税人收入利润率异常

指标值计算公式：指标值 =（纳税人收入利润率 – 全市平均收入利润率）÷ 全市平均收入利润率；

收入利润率 = 本期营业利润 ÷ 本期主营业务收入。

税务考虑问题的方向：收入利润率明显低于行业平均水平的，应判断为异常，需要查明纳税人是否少列收入、多列支出；收入利润率明显高于行业平均水平的，也应判断为异常，需要查明纳税人是否享受减免税优惠政策，是否利用免税企业转移利润。

十三、纳税人销售毛利率变动率与税负变动率弹性系数异常

预警值：1。

指标值计算公式：打标值 = 毛利率变动率 ÷ 税负变动率；

毛利率 =（主营业务收入 – 主营业务成本）÷ 主营业务收入；

毛利率变动率 =（本期毛利率 – 基期毛利率）÷ 基期毛利率；

税负 = 应纳税额 ÷ 应纳税销售收入；

税负变动率 =（本期税负 – 基期税负）÷ 基期税负。

税务考虑问题的方向：判断企业是否存在实现销售收入而不计提销项税额或扩大抵扣范围而多抵进项的问题。正常情况下两者应基本同步增长，弹性系数应接近1。若弹性系数大于1，且二者都为正数，则行业内纳税人可能存在本企业将自产产品或外购货物用于集体福利、在建工程等，不计收入或未做进项税额转出等问题。若弹性系数小于1，且二者都为负数，可能存在上述问题；若弹性系数小于1，二者都为正时，无问题。当弹性系数为负数，前者为正、后者为负时，可能存在上述问题；后者为正、前者为负时，无问题。

十四、所得税申报收入与流转税申报收入差异

指标值计算公式：指标值 = 流转税申报收入 − 所得税申报收入。

税务考虑问题的方向：所得税申报收入小于流转税申报收入，可能存在收入未申报等问题。

十五、企业期末应收账款变动率与销售收入变动率弹性系数异常

预警值：1。

指标值计算公式：期末应收账款变动率 =（本期应收账款期末值 − 上期应收账款期末值）÷ 上期应收账款期末值；

销售收入变动率 =（本期销售额 − 上期销售额）÷ 上期销售额；

指标值 = 期末应收账款变动率 ÷ 销售收入变动率。

税务考虑问题的方向：正常情况下两者应基本同步增长，弹性系数应接近1。当弹性系数大于1，两者都为正时，可能存在实现销售收入而不计提销项税额或扩大抵扣范围而多抵进项的问题；二者都为负时，无问题。当弹性系数小于1，二者都为正时，无问题；二者都为负时，可能存在上述问题。当弹性系数为负数，前者为正、后者为负时，可能

存在上述问题；后者为正、前者为负时，无问题。

十六、运费发票抵扣进项占比

预警值：对纳税人取得运费发票抵扣进项占当期进项税额比例10%或月单笔抵扣进项超过 20 万元（含）的情况进行监控。

指标值计算公式：指标值＝运费发票抵扣进项 ÷ 当期进项税额。

税务考虑问题的方向：纳税人可能存在以虚开、虚假或不合规定的运费发票抵扣进项税额及虚列费用的问题。

十七、消费税申报收入与增值税申报收入差异

指标值计算公式：指标值＝消费税申报收入 − 增值税申报收入。

税务考虑问题的方向：若消费税申报收入小于增值税申报收入，可能存在增值税收入未申报缴纳消费税等问题。

十八、企业期末预收账款变动率与销售收入变动率弹性系数异常

预警值：1。

指标值计算公式：期末预收账款变动率＝（本期预收账款期末值 − 上期预收账款期末值）÷ 上期预收账款期末值；

销售收入变动率＝（本期销售额 − 上期销售额）÷ 上期销售额；

指标值＝期末预收账款变动率 ÷ 销售收入变动率。

税务考虑问题的方向：正常情况下两者应基本同步增长，弹性系数应接近 1。当弹性系数大于 1，两者都为正时，可能存在实现销售收入而不计提销项税额或扩大抵扣范围而多抵进项的问题；二者都为负时，无问题。当弹性系数小于 1，二者都为正时，无问题；二者都为负时，可能存在上述问题。当弹性系数为负数，前者为正、后者为负时，可能

存在上述问题；后者为正、前者为负时，无问题。

十九、账面存活率过高

预警值：20%~30%。

指标值计算公式：账面存活率 = 期末存货 ÷ 年度销售成本 ×100%。

税务考虑问题的方向：存在虚假购进、延迟销售、发出货物未做收入处理等问题。

二十、纳税人固定资产综合折旧率变动异常

预警值：20%。

指标值计算公式：指标值 =（本期综合折旧率 – 基期综合折旧率）÷ 基期综合折旧率 × 100%；

综合折旧率 = 固定资产折旧 ÷ 固定资产原值。

税务考虑问题的方向：固定资产综合折旧率变动率达20%以上的，应判断为异常，需查明纳税人是否改变固定资产折旧方法，多提折旧。

以上20种情况就是容易引起税务机关注意的税收评估预警指标，如果企业存在这些情况，那么就需要注意，尽快整理好账簿，免得税务机关查账时措手不及。

第二节　金税时代企业增值税财税管控要点

金税三期上线后，特别是营改增全面施行后，增值税成了最主要的流通税种，并且是比较难操作的税种，涉及全部纳税企业。政策中对增值税的规定也有了新的变化，以增值税发票一项为例，就有以下变化：推行商品和服务税收分类编码简称、增值税普通发票（折叠票）的发票

代码调整为 12 位、收费公路通行费可开具增值税电子普通发票、扩大增值税小规模纳税人自行开具增值税专用发票的试点范围等。在金税三期时代下，企业对增值税进行财税管控需要把握以下几个要点。

一、主动出击，自主筹划

新型的增值税管理模式要求企业具备主动开展纳税筹划管理的意识，积极主动地出击，学习税法知识，掌握纳税筹划技能，尽量适用低税率。要想成功管控企业增值税，必须百技加身。

二、紧跟税务部门稽查步伐

金税三期为税务稽查部门管控增值税提供了大量的数据支持，包括税务登记信息、增值税发票核定信息、增值税发票存根联数据、纳税人申报数据信息以及多部门联网共享信息等，使税务稽查部门具备大量可以稽核比对的数据，为增值税管理提供了强有力的支撑，并使税务局建立完整的预警指标体系成为可能。

该预警指标体系包括增值税专用发票用量变动异常、期末存货大于实收资本差异幅度异常、增值税一般纳税人税负变动异常等几十甚至上百个预警指标。

税务稽查部门已能对纳税企业进行科学有效的监控，因而纳税人要紧跟金税三期的步伐，紧跟税务部门稽查的步伐，只有跟上甚至超越，增值税管理才有胜算，或者说才能成功避开税务部门的重点稽查。

新型的增值税管理模式要求纳税人在进行增值税管理时，建立预警指标体系，当达到或者接近预警指标值时，及时主动地进行调整，以税务部门稽查的思维来审视企业的账务科目、生产经营等情况。

例如，当一般纳税人企业增值税税负变动出现异常时，企业需要重点检查销售业务,从原始凭证到记账凭证、销售、应收账款、货币资金、存货等方面将本期与其他各期进行比较分析,对异常变动情况进一步查明原因,以核实是否存在漏记、隐瞒或虚记收入的行为。检查是否将外购的存货用于职工福利、个人消费、对外投资、捐赠等,以推定企业的增值税管理是否存在异常状况。如果存在异常状况,就要及时调整改善,避免落入税务部门的稽查范围。

三、坚决做遵纪守法的纳税人

要严格控制逃税和虚开增值税发票的风险,避免触犯刑法。作为企业的财税人员,既要将法律法规宣传到位,又要做到懂法守法,洁身自好。金税三期全面施行后,为税务案件侦破提供了极大的帮助,纳税人员铤而走险取得成功的概率微乎其微,所以更需要注意。

四、对外开具增值税发票的原则是"三流合一"

(1)纳税人向受票方纳税人销售了货物,或者提供了增值税应税劳务、应税服务。——业务、合同流

(2)纳税人向受票方纳税人收取了所销售货物、所提供应税劳务或者应税服务的款项,或者取得了索取销售款项的凭据。——资金流

(3)纳税人按规定向受票方纳税人开具的增值税专用发票的相关内容,与所销售货物、所提供应税劳务或者应税服务相符,且该增值税专用发票是纳税人合法取得并以自己的名义开具的。——票据流

受票方纳税人取得的符合上述情形的增值税专用发票,可以作为增值税扣税凭证抵扣进项税额。

从增值税发票开具方的角度看,对外开具发票的原则是"三流合一",具体包括:"货物、劳务及应税服务流""资金流""发票流"必须

都是同一受票方，强调是"同一受票方"。

需要注意的是，"资金流"是指收取了款项或者取得了索取销售款项的凭据，也就是将"三方协议"纳入"资金流"的范围。

第三节　金税时代企业所得税汇算清缴实务

很多企业财务人员对每一年的企业所得税汇算清缴工作感到头痛，甚至有人认为所得税汇算清缴复杂得不得了。其实，企业所得税汇算清缴并不可怕。现在已全面实行了营改增，金税三期也已上线，那么如何应对一年一度的企业所得税汇算清缴工作呢？要想做好这项工作，要先了解企业所得税新政，然后做汇算清缴报告，当然在具体操作过程中还要注意一些事项。

一、企业所得税汇算清缴相关规定

企业所得税汇算清缴是指纳税企业在纳税年度终了后的规定时期内，依照税收法律、法规、规章及其他有关企业所得税的规定，自行计算全年应纳税所得额和应纳所得税额，根据月度或季度预缴的所得税数额，确定该年度应补或应退税额，填写年度企业所得税纳税申报表，向主管税务机关办理年度企业所得税纳税申报，提供税务机关要求提供的有关资料，结清全年企业所得税税款的行为。

最新相关政策规定，企业所得税汇算清缴对象是：凡在纳税年度内从事生产、经营，或在纳税年度中间终止经营活动的纳税人，无论盈利、亏损或处于减免税期间，均应按照相关税法的规定办理年度企业所得税的纳税申报；汇算清缴时间是：企业应当自年度终了之日起五个月内（即到次年的1月1日至5月31日），向税务机关报送年度企业所得税纳税申报表，并汇算清缴，结清应缴应退税款。

根据新政规定，企业所得税汇算清缴要把握三个关键：

（1）收入的确认。新税法在收入确认上引入了公允价值概念。

（2）费用的扣除。新税法在费用扣除上引入了合理性与相关性的原则。

（3）纳税调整。会计制度与税法规定存在差异。会计报表所列的利润总额是按照会计制度计算得出的，应纳税所得额不等于利润总额，而是要按照税法规定进行调整。

二、汇算清缴报告需要的申报表

汇算清缴报告不仅能减轻不合理的缴税负担，而且企业在无明显主观故意的情况下漏缴少缴税，只需补缴税款即可，不必面临刑事追责。

汇算清缴下发的申报表共37张表格，除了企业基础信息表外，还有36张。一级表是主表，有1张；二级表是主表的附表，有15张；三级表是附表的附表，有20张。申报表看起来很繁杂，其实具体到公司，根本用不了几张表，而且填写也比较容易，各级明细表只是对主表的进一步细化而已。表格的填写按照三级——二级——一级的顺序进行。除主表外，最关键的是纳税调整明细表和弥补亏损明细表，企业要重点对待。

表格方面还有以下几个注意事项：

（1）表A适用于采用查账征收方式的企业，表B适用于采用核定（含定额、定率）征收方式的企业。

（2）没有收入的也要申报，也要汇算；年中开业的也要申报，也要汇算。

（3）申报汇算涉及弥补亏损问题，要注意连续性，若断断续续，就无法弥补以前年度的亏损。

（4）数据的填写要谨慎，要核实清楚再填写。遇到报不过去的情况，要查找原因，千万不要为了通过而随意更改数据。因为申报数据会进入数据库，而金三系统的风险比对就是依据数据库的数据进行的，随意更改数据只会增加未知风险。

值得一提的是，企业所得税年度申报表（以下简称申报表）是新手入门的关键路径，因为该表全面展示了所得税的知识要点和知识结构，是难得的好教材。其实，申报表是在利润表的基础上进行的调整。利润总额＋纳税调整－弥补亏损＝应纳税所得额，根据应纳税所得额计算出应纳税款，减去已纳税款就是本次汇算清缴的结果，即应补缴的所得税款。

三、企业所得税汇算清缴注意事项

企业所得税汇算清缴需要注意的事项有以下几点，如表 7-1 所示。

表 7-1　企业所得税汇算清缴注意事项

事项	含义
财产损失要申报	企业实际资产损失，应当在其实际发生且会计上已做损失处理的年度申报扣除；法定资产损失，应当在企业向主管税务机关提供证据资料证明该项资产已符合法定资产损失确认条件，且会计上已做损失处理的年度申报扣除。企业发生的资产损失，只有按规定的程序和要求向主管税务机关申报后方能在税前扣除。未经申报的损失，不得在税前扣除
减免优惠要备案	减免税分为核准类减免税和备案类减免税。核准类减免税指法律、法规规定应由税务机关核准的减免税项目；备案类减免税指不需要税务机关核准的减免税项目
年度亏损要弥补	企业纳税年度发生的亏损，准予向以后年度结转，用以后年度的所得弥补，但结转年限最长不得超过五年
网上申报要准确	目前，企业所得税年度申报的网上申报系统已经开通。需要注意的是，纳税人在办理完年度企业所得税手续后，若发现有误，在5月31日前仍可在网上对已申报的数据进行修改

四、企业所得税汇算清缴自查的风险点

企业每年进行所得税汇算清缴时，都需要同时报送企业的会计报表。因此，要特别注意企业所得税申报表与会计报表的关系。

第一，会计报表的逻辑关系与企业所得税申报表的信息要匹配。要注意：会计报表的会计利润与所得税申报表是否一致？会计报表的损益数据与所得税申报表是否一致？主附表之间的逻辑关系是否匹配？

第二，企业所得税申报表和会计利润的关系。会计利润与应纳税所得基本调整事项是否在申报表中体现？

第三，注意会计确认费用冲减利润，税法不予扣除的项目，如公允价值变动损益、资产减值损失、投资收益损失、坏账损失等。

在企业所得税汇算清缴自查过程中，对于经营收入以及其他收入应该特别注意防范一些风险点，如表7-2所示。

表7-2 企业所得税汇算清缴自查中需特别注意防范的风险点

经营收入	风险描述	收入不具备真实性、完整性。例如，各种主营业务中存在以低于正常批发价的价格销售货物、提供劳务的关联交易行为；将已实现的收入长期挂往来账或干脆置于账外而未确认收入；采取预收款方式销售货物，未按税法的规定在发出商品时确认收入；以分期收款方式销售货物，未按照合同约定的收款日期确认收入
	重点核查	销售货物、提供劳务的计税价格是否明显偏低且无正当理由；其他业务中变卖、报废、处理固定资产等是否迟计或未计收入，以及是否存在采用分期和预收款方式销售而不按规定确认收入等问题。自查中要查看内部考核办法及相关考核数据，以及销售合同、销售凭证、银行对账单、现金日记账、仓库实物账等相关资料，对"主营业务收入""其他业务收入"及往来科目进行比对、分析和抽查，核查是否存在未及时、足额确认的应税收入
	检查科目	往来科目及主营业务收入、其他业务收入、固定资产清理、原材料、库存商品、银行存款、现金等

续表

	政策依据	《中华人民共和国企业所得税法》（中华人民共和国主席令第63号，以下简称《企业所得税法》）第六条；《中华人民共和国企业所得税法实施条例》（中华人民共和国国务院令第512号，以下简称《企业所得税法实施条例》）第十四条、二十三条
其他收入	风险描述	未将企业取得的罚款、滞纳金、参加财产保险和运输保险取得的无赔款优待、无法支付的长期应付款项、收回以前年度已核销的坏账损失、固定资产盘盈收入、教育费附加返还、在"资本公积金"中反映的债务重组收益、接受捐赠资产以及根据税收规定应在当期确认的其他收入列入收入总额
	重点核查	核查是否存在上述情形而未计收入的情况。如核查"坏账准备、资产减值损失"科目以及企业辅助台账，确认已做坏账损失处理后又收回的应收款项；核查"营业外收入"科目，结合质保金等长期未付的应付账款情况，确认企业无法偿付的应付款项是否按税法规定确认当期收入
	检查科目	往来科目及营业外收入、坏账损失、资本公积等
	政策依据	《企业所得税法》第六条及《企业所得税法实施条例》第十七条

第四节 金税时代集团企业信息化税务管理方法

金税三期系统在全国上线后，进一步提高了税务机关的征管效率和征管质量，也意味着税务机关的管理模式进一步由事前审批向事后监管转变。税务机关信息化管理手段的不断提升和完善，促使众多企业集团关注和推动内部税务管理信息化系统的建设。

集团企业通常业态复杂、业务版块多，且不同版块的组织架构、税收政策、业务流程等方面均有差异。全面建设集团化税务管理信息系统需要整合业务、财务、税务以及内外部人力资源，采用信息科技和风险管控技术，是一项极具挑战性的系统化工程。为此，集团企业应从税务管理信息化的建设目标、主要功能、实施策略、注意事项等方面做出努力，提升税务管理水平。

一、集团企业税务管理信息化建设目标

集团企业税务管理信息化建设的总体目标是通过信息化手段将集团税务管理的理念、制度、方法、流程加以固化和提升，搭建统一的税务管理信息系统，大幅提高税务管理的信息化水平。

具体来说，要建立税务数据集市，固化工作流程，明确岗位责任，确保数据准确，共享信息资源，保障沟通顺畅，实现税务管理工作从基层具体操作、集团管理到税务风险管控全过程的信息化，达到"保证质量、提高效率、防范风险、创造价值"的目标，树立企业遵从税法、诚信纳税的形象。

二、集团企业税务管理信息系统主要功能

集团企业组织架构复杂，成员单位众多，通常涉及多个经营业态，其税务管理信息系统的业务功能应从集团管理（见表7-3）和纳税主体管理（见表7-4）两个层面进行设计。

表7-3　集团管理层面应涵盖的主要功能

功能	阐述
基础信息管理	将集团内所有成员单位的工商登记信息、税务登记信息、股权投资关系、税种鉴定信息、主营业态、税务工作负责人及联系方式等基础信息纳入统一的系统管理和维护，实现按管理层级、行政区划、业务版块等多维度查询、展现，方便集团层面全面掌握成员单位的基础情况
数据上报管理	系统定期（月度或季度）向成员单位派发数据上报工作任务，从基层公司收集税务相关数据，并逐级汇总审核，形成纳税数据集市，为大数据分析和应用奠定基础

续表

功能	阐述
税务绩效考核	设立税务绩效考核指标和分值，如将企业所得税实际税负、企业所得税永久性差异调整额、税收罚款额等设为考核指标，通过系统定期自动生成考核表和考核排名表，将税务绩效考核纳入集团绩效考核体系，量化成员单位的税务工作业绩
税务检查管理	建立外部检查事项上报机制，要求下属单位在发生税务检查、稽查、协查、纳税评估等事项的第一时间，通过系统向上级报告相关情况，并及时更新进度；上级可随时掌握、跟进、指导下级单位应对外部检查，实现对外部检查事项从立项、过程处理到结项的闭环管理。针对内部检查，实现检查任务派发、任务处理、数据上报、档案归集的流程化管理
税务风险管理	建立动态的税务风险点及管控措施库，针对重大涉税事项（如重大投资、并购、境外交易等），根据事项类别、性质、关键字、内容等要素智能产生风险清单，生成税务风险分析报告，提高税务人员对重大业务事项的参与程度，加强税务风险的事前防范
纳税指标评估	建立纳税指标评估体系与预警策略，快速计算、评估各纳税实体的实际税负率、税负变动弹性指标等纳税评估指标数值，与行业平均值、管理经验值对比，实现自动预警，及时发现税务管理中的不足与问题，加强企业的税务风险管控能力
税务工作报告	预制税务工作报告模板，由系统实现工作报告数据内容的自动生成，并结合各层级责任人的分析内容，生成税务工作报告，实现逐级上报、多维度汇总查阅，为集团、业务版块、事业部等管理层掌握总体税务状况提供信息
涉税统计分析	基于税务数据集市，通过详尽的指标体系，以图形（如柱状图、饼状图）的方式，实时地按照行政区划、业务版块、集团、纳税主体、税费种类、税款属期等多维度，形象、直观地统计与分析税务数据，为管理层决策提供数据支持
税务档案管理	建立纳税申报档案、涉税事务档案的定期归集机制，实现税务档案的电子化分类归集，确保税务档案的完整保存，方便按权限随时调阅
税务知识管理	建立税收政策法规和解读共享库，方便成员单位查阅、学习。实现税务问题在线解答、税务人员在线培训考试等管理功能

表 7-4 纳税主体管理层面应涵盖的主要功能

功能	阐述
发票开具管理	通过数据接口，从销售系统获取需要开票的交易数据，经过自动化合并、拆分等数据加工，调用税控专用设备进行交互，完成增值税专用发票、普通发票的开具、打印，电子发票的开具与自动推送，满足多机构、大批量、高效率开票的要求
进项发票管理	集成税务总局电子底账库，自动下载开具给各公司的增值税专用发票进项信息。对接报账系统，实现发票真伪查验及专用发票自动勾选、确认，减少人工操作量，减少差错，提高效率，防范发票重复报销
日常涉税管理	建立日常税务台账，实现视同销售台账、不动产进项分期抵扣、不符合扣除规定的票据、与收入无关的支出等税务事项的台账管理，并对接财务系统，根据核算标识自动登记
纳税申报管理	根据各税种的特点，建立纳税调整、税款计算台账体系；使用税务判定工具，依据法规规定判定应税科目，设定取数规则，统一约束取数口径；利用取数工具，调阅明细账等数据，实现自动化或半自动化纳税调整和税款计算，生成国家标准格式的纳税申报表；利用"税企直通"渠道，实现一键申报
递延税项管理	建立一套完整易用的纳税调整台账，利用其实现按月度或季度预估应纳所得税额；通过判定税务与会计差异的类型，实现对递延所得税资产、递延所得税负债、所得税费用的高效、准确核算
税费测算管理	根据公司财务预算或估计的数据，利用测算模型，对未来期间的应纳税费进行测算，如企业所得税、增值税等，满足内部税务现金流管理及外部税务机关监管的需要

三、集团企业税务管理信息系统实施策略

集团企业税务管理信息系统的实施应遵循"总体规划，分步实施"的策略。

总体规划指集团总部牵头，会同重点成员单位进行顶层设计，兼顾集团管控要求与成员单位具体需求，确定税务管理信息系统的技术架构及业务框架。

分步实施指首先搭建集团税务管理信息系统的总体架构体系,然后考虑业务需求的紧迫程度、重要程度,以及成员单位税务管理水平与现有信息化条件等要素,选择一两家重点企业进行试点,进而按照业务版块和业务功能两个维度逐步推进,最终实现全集团税务管理信息化体系的建设。

四、集团企业税务管理信息化建设注意事项

集团企业进行税务管理信息化建设,应该以人才、产品,以及业务与技术的扩展性为主要抓手,具体如表7-5所示。

表7-5 集团企业税务管理信息化建设注意事项

事项	含义
税务专家的深度参与	集团企业税务管理信息化建设是一项税务专业性很强、税法合规性要求很高的任务。该任务要求必须有税务专家团队在项目各阶段深度参与,从而保证税务信息管理系统在合规性方面与税法高度一致;否则,税务信息管理系统建成运行后,不仅不能达到"保证质量、提高效率、防范风险、创造价值"的建设目标,而且会产生新的税务风险及管理问题
选择成熟的基准产品	基准产品选择得好,可以少走弯路,事半功倍;选择得不好,意味着成为"小白鼠"。基准产品必须选择已商业化应用多年、经过市场检验、具有众多成功案例的产品
充分考虑业务与技术的扩展性	当前,国家税制持续改革,税收政策不断更新,信息技术快速发展,税务管理信息系统的设计应尽可能采用参数化、配置化的思路,建立税务业务组件库,将业务与技术进行分离,以快速响应未来业务的变化和技术的扩展

第五节 金税时代个税申报步骤与常见问题解读

在金税三期个人所得税扣缴系统中,"互联网地税局"客户端里的"个人所得税申报"有代扣代缴个人所得税的功能,个税申报在此办理。

根据金税三期的业务要求,员工信息等数据保存在本地电脑,更换电脑需要做好数据备份。

在个税申报过程中,需要哪些步骤来完成?可能会遇到哪些问题?下面将做详细解答。

一、个税申报流程及操作步骤

金税三期个人所得税扣缴系统是每个公司每个月都要使用的软件,不论员工是否缴税,都必须申报一次。申报流程从整体上看分为四个部分:"人员登记"(初次登记和员工发生变化时填写);"填写报表"(每月申报时填写);申报表发送;生成缴款书(缴款)。

二、个税申报常见问题解读

在个人所得税申报过程中,是游刃有余还是一波三折?下面将针对个税申报中存在的十大常见问题进行解答,希望能帮助个税申报者顺利度过征期。

(1)根据税法规定,全年一次性奖金收入一年只能申报一次。那么一年是指税款所属期间还是所得期间?

所得期间。如果纳税人在所得期间的所在年份已经单独申报过全年一次性奖金收入,则不能再次单独申报全年一次性奖金收入,再次申报时需要计入正常工资薪金进行合并计税。

(2)目前,在"金三"个税系统中,《扣缴个人所得税报告表》《个人所得税生产经营所得纳税申报表(B表)》都可以进行商业保险抵扣和投资抵扣,而《个人所得税生产经营所得纳税申报表(A表)》为什么不能进行投资抵扣?

"金三"个税系统在 V2.4.41 版本中进行了升级,将原来的"投资者减除费用"修改为"投资者减除费用及允许扣除的其他费用",同时增加了四个子项:投资者减除费用、商业健康险、投资抵扣、其他扣除。

(3)申报信息已经开具过税收完税证明,该申报是否可以进行更正?已开具的完税证明如何处理?

申报信息开具过个人所得税完税证明后,若发现申报信息填写错误,可通过"申报错误更正"功能进行更正。同时可通过"个人所得税完税证明作废、重打"功能作废已开具的个人所得税完税证明,然后重新开具更正处理后的个人所得税完税证明。

(4)《扣缴个人所得税报告表》中的"已扣缴税额"在什么情况下填写?

一般是在财政统发的情况下才需要填写。财政局会先进行申报,如果企业需要补缴税款,则企业会再补申报一次。企业补申报时填写的"应缴税额"为全部税额,需要将财政局已经申报的税额填写在"已扣缴税额"里。

(5)针对已申报的《个人所得税生产经营所得纳税申报表(A表)》,若纳税人发现"征收方式"错误,应该为查账征收,却申报成了核定征收,导致申报的税款不正确,则应如何处理?

目前,纳税人在大厅进行《个人所得税生产经营所得纳税申报表(A表)》申报时,系统会自动判断征收方式是查账征收还是核定征收,而外围系统申报时,存在征收方式申报错误的情况,但目前网报接口并未对征收方式进行强制校验。针对此种情况,一方面,外围厂商应提升数据申报质量,对自身系统按照总局业务规则增加相关监控功能;另一方面,"金三"个税系统在V2.4.41版本中进行了优化,增加了征收方式的网报校验规则。针对历史数据,可通过数据运维的方式进行调整,或者在年末申报《个人所得税生产经营所得纳税申报表(B表)》时进行汇算清缴，多退少补。

（6）纳税人因买房等原因需在开具个人所得税完税证明时备注相关信息，那么如何在打印完税证明时增添备注信息？

在"个人所得税完税证明开具"功能中，开具申请页面现已增加备注录入框，操作员可根据实际需要录入备注信息。因完税证明打印格式的限制，现备注录入框最多支持30个汉字的录入。根据文书式个人所得税完税证明开具业务需求，需在开具的文书式完税证明备注中填写对应纳税人的身份证件类型和身份证件号码信息，此部分内容系统会自动添加，不需操作员自行录入，以免重复填写。系统自动添加的身份证件类型和身份证件号码信息不计入开具申请页面中备注录入框的录入字数。

（7）当纳税人为非中国税收居民，享受缔约国的相关税收协定待遇时，则针对税收协定中可享受的优惠应如何填写？

针对可享受税收协定优惠的非居民纳税人，可按照如下规则填写《扣缴个人所得税报告表》《个人所得税自行纳税申报表（A表）》：

1）申报所得项目为"利息、股息、红利所得"或"特许权使用费所得"时，可在明细申报信息中选择"协定税率"，并根据"应纳税所得额 × 税率 – 应纳税所得额 × 协定税率"，计算该税收协定优惠可享受的减免税额。

2）明细申报信息中填写协定税率、减免税额的非居民纳税人，同时需填写减免附表中对应的税收协定详细信息，申报信息中的减免税额合计值应等于减免附表中的减免税额合计值。

3）依法享受非居民税收协定待遇的纳税人，应先通过《非居民纳税人享受税收协定待遇情况报告表》进行可享受税收协定信息的备案，备案后才可在申报时按上述内容填写。

（8）自行申报 A 表中"外国人补申报"应在什么场景下进行选择，选择后有什么影响？

根据相关规定，外籍无住所个人根据在中国境内停留时间的不同可享受不同的税收优惠政策。针对事先不能确定在中国境内停留时间的纳税人，可在停留期满时，针对之前属期的所得按照对应的优惠政策申报缴纳个人所得税税款。外籍个人补申报之前属期的个人所得税，在填写《个人所得税自行纳税申报表（A 表）》时，在"外国人补申报"中选择"是"。此时，该笔申报信息的缴款期限可延期至申报日后三天，纳税人不再因此缴纳滞纳金。

（9）个人所得税完税证明补开与重打功能分别适用的业务场景是什么？

根据我国税收完税证明（表格式）业务要求，同一纳税人同一笔原始凭证只能换开一次税收完税证明（表格式）。

纳税人遗失已换开的表格式个人所得税完税证明，需要税务机关另行提供的，应向税务机关提出补开申请，经确认后可通过"个人所得税完税证明补开"功能补开对应的个人所得税完税证明，原已开具的表格式个人所得税完税证明应已作废；或者纳税人先通过"个人所得税完税证明作废、重打"功能，对已换开的表格式个人所得税完税证明进行作废，再通过"个人所得税完税证明开具"功能重新开具表格式个人所得税完税证明。

纳税人在开具个人所得税完税证明时，若发现因卡纸等原因打印失败，无法开具出完税证明，则可通过"个人所得税完税证明作废、重打"功能重新打印对应的完税证明，此时票证信息不变。

纳税人遗失已开具的文书式个人所得税完税证明或因其他原因需要税务机关另行提供的，应向税务机关提出重打申请，经确认后可通过

"个人所得税完税证明作废、重打"功能重新打印文书式个人所得税完税证明。

（10）投资者兴办的企业为个人独资性质或合伙性质的，如何填写《个人所得税生产经营所得纳税申报表（C表）》？

纳税人在中国境内两处或者两处以上取得"个体工商户的生产、经营所得"或"对企事业单位的承包经营、承租经营所得"的，应通过《个人所得税生产经营所得纳税申报表（C表）》的功能汇总相同所得项目，合并计算个人所得税。

申报表C表中所得项目为个体工商户生产经营所得且被投资单位属于个体工商户或个人独资企业时，根据《关于个人独资企业和合伙企业投资者征收个人所得税的规定》（以下简称《规定》）第二十条第（一）款规定，进行如下操作：①在"是否两个或两个以上个人独资企业或个体工商户情况"中选择"是"；②"应纳税所得额""应纳税额"填写所有被投资单位合计应缴纳的税款；③根据"选择的汇缴地企业的应纳税所得额/所有被投资单位的应纳税所得额合计值"计算"本单位经营所得占各单位经营所得总额的比重"，并根据"应纳税额×本单位经营所得占各单位经营所得总额的比重"计算"本单位应纳税额"；④本次申报在汇缴地企业主管税务机关仅针对汇缴地企业的税款进行补缴，已预缴税额需填写汇缴地企业已申报缴纳的税款信息。

申报表C表中所得项目为个体工商户生产经营所得且被投资单位属于合伙性质的企业时，根据《规定》第二十条第（二）款规定，进行如下操作：①在"是否两个或两个以上个人独资企业或个体工商户情况"中选择"否"；②"应纳税所得额""应纳税额"填写所有被投资单位合计应缴纳的税款；③"本单位经营所得占各单位经营所得总额的比重""本单位应纳税额"项不需填写；④本次申报在汇缴地企业主管税务机关需针对所有被投资单位的税款进行合并补缴，已预缴税额需填写所有被投资单位已申报缴纳的税款信息。

申报表C表中所得项目为对企事业承包、承租所得时，申报计算方法与被投资单位中存在合伙性质的企业时的方法相同。

第八章

金税时代主要行业纳税筹划案例

本章主要通过几个重点行业或领域的案例,来解析金税三期时代的纳税筹划实务。其筹划思路、途径、方法都有具体的案例支持,并有相关理论阐释。无论是从理论到实践还是从实践到理论,这都是一种全方位的展示。所谓"他山之石,可以攻玉",相信读者能够从中得到有益的启示及指导。

第一节 房地产开发企业合理避税案例

要想合理避税,必须进行避税筹划。房地产开发企业的合理避税,可以通过企业内部和外部两种途径进行。下面就我国房地产开发企业常用的一些避税方法进行简要的举例分析,并探讨房地产企业的避税筹划方式。

一、企业内部避税筹划方法

1. 以合作开发方式合理避税

企业可以通过经营收入、利息收入以及分红收入在收入性质上的相互转化,根据实际需要选择恰当的经营方式,减轻税收负担。

2. 以股权转让方式合理避税

目前,房地产资产直接买卖涉及的交易税费较高,而若以股权转让的方式转让房地产资产,则仅公司的股东需要缴纳企业所得税或个人所得税,涉及的税费相对来说要比房地产直接买卖低很多。因此,越来越多的公司通过股权转让的方式转让房地产资产。

例如,某房地产开发公司在海边城市开发了一幢五星级酒楼,出售给外国投资者,开发成本为18亿元,售价为28亿元,按规定此项业务应缴纳营业税、城市维护建设税、教育费附加、印花税、土地增值税约1.77亿元(计算过程略)。该房地产开发公司可以先投资成立一家子公司——"某某大酒店",酒店固定资产建成后,再将大酒店的股权全部转让给外国投资者,这样可免除上述税款。具体的操作过程如下:第一步,联合其他股东共同出资,设立一家控股子公司——"某某大酒店",某某大酒店拥有法人资格,可以独立核算。第二步,某某大酒店进行固定资产建设,相关建设资金由房地产开发公司提供,并做应付款项处理。第三步,固定资产建成后,房地产开发公司将拥有的大酒店的股权全部转让给外国投资者,房地产开发公司收回股权转让价款及大酒店的所有债权。

经过上述一番筹划,虽然股权转让收益需要缴纳企业所得税,但这部分所得税是本来就需要缴纳的,而股权转让业务不缴纳增值税、城建税、教育费附加和土地增值税,从而少缴纳了不动产转让过程中的巨额税款。

3. 签订装修合同,赠送客户装修费

按规定,赠送客户装修费是要进入宣传费的,如果赠送客户的装修费在企业全部销售收入的纳税范围内,则当年可以在企业所得税前列支。如果合同中规定向客户交付已经装修完毕的住宅,不强调有装修费,这时的装修费就可以计入成本,并允许税前扣除。经过这样的筹划,合同中赠送客户的装修费就成了税前可扣除项目,从而少缴税。

二、企业外部避税筹划方法

企业外部避税筹划，即在企业外部搭建免税平台，为节税创造空间。其具体实施方法有两步：①在企业外注册免税公司；②业务转移。

免税公司是指不以生产经营为主要目的，而是为获得税收优惠，取得税收比较优势，或者方便资金转化而设立的具有明确经营地址和联系方式的公司。房地产开发企业注册免税公司主要有以下几种形式，如表 8-1 所示。

表 8-1 房地产开发企业注册免税公司的主要形式

公司形式	优势及节税分析
个人投资企业	个人独资企业只缴纳个人所得税，不缴纳企业所得税，比有限责任公司少了一道所得税。个人独资企业除增值税外，其个人所得税是可以申请根据开票金额定额征收的
销售代理服务公司	国家为鼓励第三产业发展，为新办的服务性企业制定了一系列税收优惠政策。房地产企业可以办一些服务性企业，如销售代理服务公司、咨询公司、广告公司，把楼盘的销售工作剥离到销售代理服务公司去完成，从而争取到税收优惠政策。房地产企业支付给销售代理公司的手续费，虽然形成代理公司的收入，但代理公司可以享受一年的免税待遇。另外，这部分代理手续费也合法地形成了房地产企业的成本费用，使房地产企业的利润下降，从而在纳税上形成良好的互动局面，达到节税的目的
物业管理公司	我国税法规定，从事物业管理的单位，以与物业管理有关的全部收入减去代业主支付的水、电、燃气费以及代承租者支付的水、电、燃气费和房屋租金的价款后的余额为营业额。可见，物业管理公司不仅可以代收很多费用，而且其代收费用是不用缴税的。因此，房地产企业应可以申请成立物业管理公司，将所有代收费用业务分解出来，交由新成立的物业公司代收，这样各种代收款项就不会被并入增值额中缴纳增值税。由于物业管理公司本身是居民服务企业，所以可以争取到企业所得税的税收减免，而房地产企业则不存在这样的减税空间

业务转移可以分解税收压力，其方法主要有收入转移和成本费用分摊。收入转移包括资产转移法、业务转移法和定价转移法（见表8-2）。如果收入转移困难，就反其道而行之，增加房地产企业的开发成本和费用，这就是成本费用分摊，其包括资金借贷法、租赁法和服务收费法（见表8-3）。

表8-2　房地产开发企业收入转移的三大有效方法

方法	节税分析
资产转移法	房地产企业的门面房、出租房会为企业带来大量的收益，是企业的优良资产，也是重点税源。如果这些资产由企业自主经营，由于没有任何流转税和所得税的免税机会，则企业将面临沉重的税收负担。房地产企业可通过承包、租赁、投资、买卖等方式，将资产转移到免税公司或者低税公司，这样可以为企业节省一大笔税费
业务转移法	即把回报较高的业务从房地产企业分离出去，转移给可以享受税收优惠的新办公司经营
定价转移法	即把商品压价卖给自己的销售公司，再通过销售公司卖给自己的最终客户。通过定价转移法节税的前提是，销售公司必须享有税收优惠政策

表8-3　房地产开发企业成本费用分摊的三大有效方法

方法	节税分析
资金借贷法	即由免税公司将资金拆借给房地产公司，并且向房地产公司收取资金占用费。该方法对借贷双方都可产生节税效果
租赁法	由免税公司将房产、办公楼租给房地产公司使用，并且向其收取房屋租赁费。房地产公司通过支付租赁费形成开支，而收取租金的公司形成收入，这样利润就从房地产公司转移到了租赁公司，节税效果比较明显
服务收费法	前两个方法的前提是必须拥有一定的资金或财产，如果免税公司不具备这些条件，可考虑采用收取手续费、代理费、广告费、咨询费、劳务费等费用的服务收费法

第二节　商业银行税务筹划案例

在新企业所得税法下，商业银行通过引进外资，取得外商投资企业身份并获取税收收益的道路已经走不通了，商业银行必须深入研究新企业所得税法，寻求适应新形势的纳税方案。商业银行可以从以下几个方面着手进行税务筹划。

一、有效利用税收优惠政策

新企业所得税法的税收优惠以产业优惠为主，商业银行可以享受的税收优惠有限。例如，在进行债券投资决策时，应当考虑国债利息收入免税因素，要用其他券种经过风险调整的税后收益率与国债的收益率进行比较，不能简单地用两者的名义收益率进行比较。

例如，A公司三年期债券与三年期国债同时发行，B商业银行拟投资其中一种债券，这两种债券均为每年付息一次，A公司债券利率为5%、国债利率为4%，假设A公司债券没有信用风险折价。从表面上看，A公司债券的投资收益率高于国债，但由于A公司债券利息收入需要缴纳25%的企业所得税，所以A公司债券的税后收益率仅为5%×（1-25%）=3.75%，低于国债的税后收益率4%（国债利息收入免税）。因此，B商业银行应当选择投资国债。

商业银行进行被动或主动的权益性投资时，税法规定所取得的股息、红利及持有上市公司股票一年以上所取得的转让利得等权益性投资收益可以免税。因此，商业银行出售持有期限不超过一年的上市公司股票时，应当考虑一年以内出售所获取的利得的税收成本因素。在政策允许的范围内，商业银行可以结合自身的战略和经营需要，适当增加权益性投资，同时获取资产增值收益和免税收益。

二、合理规划限制性支出

新企业所得税法虽然放宽了工资薪金等支出的税前扣除限制，但对广告费和业务宣传费、公益性捐赠、业务招待费等支出还是设定了限制扣除标准。因此，商业银行应当在不影响整体战略和经营需要的前提下，事先对限制性费用进行详细计划和预算，并加强对限制性支出的管理。

新企业所得税法大幅提高了广告费和业务宣传费支出的扣除标准，规定不超过当年销售（营业）收入15%的部分准予扣除，超过部分准予在以后纳税年度结转扣除。对于商业银行来说，占营业收入15%的广告费和业务宣传费支出基本能满足业务发展的需要，因此应当合理安排广告费和业务宣传费的支出期间，除战略特殊需要外，商业银行不应该让其在任何一个年度内超过营业收入的15%。虽然超过部分可以在以后纳税年度结转扣除，但是商业银行已经提前缴纳税金，从而丧失了这部分资金的时间价值。

对商业银行来说，公益性捐赠支出的扣除标准由原先的年度应纳税所得额的1.5%提高到年度利润总额的12%，基本能够满足商业银行公益性捐赠的需要。商业银行应当整体安排公益性捐赠支出，在非特殊情况下，尽可能不超过限制标准。对于直接面向受益人的各项捐赠支出，税法不允许税前扣除。因此，如果没有特别的授权批准，商业银行不能直接向受益人捐赠；如果有特殊需要，可以通过非营利性社会团体和国家机关向指定受益人捐赠。

新企业所得税法加大了对业务招待费的税前扣除限制，业务招待费按照发生额的60%扣除，而且最高不能超过当年销售（营业）收入的

5‰。也就是说，只要发生业务招待费就有 40% 要用税后利润支付，最高扣除比例也较低，无法满足商业银行业务经营的需要，因此业务招待费支出的税务筹划是商业银行限制性费用筹划的重点。

例如，C 商业银行某一纳税年度营业收入为 100 亿元，C 银行允许税前扣除的业务招待费最高限额为：100 亿元 ×5‰=0.5 亿元。假设当年实际发生业务招待费 1 亿元，准予税前扣除部分为 0.6 亿元（1 亿元 ×60%），超过最高限额，因此允许税前扣除的业务招待费为 0.5 亿元；设当年实际发生业务招待费 0.8 亿元，准予税前扣除部分为 0.48 亿元（0.8 亿元 ×60%），低于最高限额，因此允许税前扣除的业务招待费为 0.48 亿元。

可见，商业银行需要精心筹划和严格管理业务招待费支出。一方面，需要测算业务招待费规模，分解各部门的支出指标，尽可能将其控制在限额标准以内；另一方面，通过其他费用支出代替业务招待费。如可以更多地采用商务会议的方式招待客户，这样所发生的食宿等费用就可以尽可能多地列入会议费，在税前全额扣除。当商业银行广告费和业务宣传费税前扣除指标剩余较多时，可以制作一些有意义的宣传品，代替外购礼品用于赠送客户，从而减少业务招待费支出。

三、合理利用暂时性差异

暂时性差异是指资产负债的账面价值与计税基础之间的差额，按照对未来期间应收金额的影响，可以分为应纳税暂时性差异和可抵减暂时性差异。应纳税暂时性差异可以延后纳税时间，使企业获得资金的时间价值；可抵减暂时性差异则会提前纳税时间，使企业丧失资金的时间价值。对于商业银行来说，时间价值是以天为单位来计算的，多占用一天资金就意味着多获得一天的利息。因此，合理利用暂时性差异进行税务筹划对商业银行至关重要。

当商业银行需要出售资产筹资且有多项资产可供出售时，在选择具体出售资产的决策中应当考虑其对纳税的影响。在其他因素相同的情况下，商业银行应该首先出售产生大量可抵减暂时性差异的资产，最后出售产生大量应纳税暂时性差异的资产。因为即使两项资产出售所取得的税前现金流量相同，但是两者的税后现金流量却相差很大。按照税法规定的计税基础计算，出售产生应纳税暂时性差异的资产，会有大量应纳税所得需要当期缴纳企业所得税，造成现金流出；出售产生可抵减暂时性差异的资产，会产生大量损失，可以抵减当期其他业务产生的应纳税所得，从而减少因缴税产生的现金流出。

例如，D商业银行由于短期资金紧张急需1亿元资金缓解流动性不足，该银行拥有A、B两项以公允价值计量且其变动计入当期损益的债券可以出售。A、B债券现在的公允价值均为1.1亿元，而A债券购入成本为0.6亿元，B债券购入成本为1.5亿元。假设未来半年内A、B两项债券的公允价值将保持一致，该银行本纳税年度其他业务产生的应纳税所得额为1亿元，可以弥补B债券出售损失0.4亿元。

由于A、B两项债券投资属于以公允价值计量且其变动计入当期损益的金融资产，出售与否不会影响D商业银行的当期会计利润，因此决策中只需要考虑现金流一个因素。下面就来计算比较出售A债券与出售B债券的税后现金流。出售A债券的税后现金流=1.1-（1.1-0.6）×25%=0.975（亿元）；出售B债券的税后现金流=1.1-（1.1-1.5）×25%=1.2（亿元）。

通过比较我们发现，表面上看，出售A债券与出售B债券的现金流一致，但是经过税收调整后，出售B债券的现金流高于出售A债券的现金流。因此，D商业银行应当优先选择出售B债券。

四、合理利用银行借款

若金融机构与企业之间达成某种协议，由金融机构提高利率，使企业计入成本的利息增大，则可以大大降低企业的税负。同时，金融机构以某种形式将获得的高额利息返还给企业或以更方便的形式为企业提供贷款，也可以达到节税效果。

某企业计划用5年积累留存收益2000万元兴建厂房进行出租，预计每年租金300万元，厂房使用寿命为20年，则该厂房建成后每年获得租金的应纳所得税额为300×25%=75（万元），20年应纳税总额为20×75=1500（万元）。若该厂不是利用自己的积累资金兴建厂房，而是从银行借款2000万元兴建厂房出租，假定租金不变，仍为每年300万元，银行贷款年利率为8%，则扣除银行贷款利息，企业每年盈利（未考虑其他因素）为300−2000×8%=140（万元），企业每年应纳税额为140×25%=35（万元），20年共纳税20×35=700（万元）。

可见，如果采用借款兴建厂房的方式，则企业的税负比以自己积累的资金兴建厂房的税负要少。对该厂来说，其享有的不仅是税收上的好处，还可以提前进行投资活动。由于企业是从银行筹资，所以企业承担的资金风险也变小了。

企业间资金拆借及拆借资金抵税在我国受到一定的限制，从上例来看，从银行借款则是负债筹资税务筹划的主要方式，也是企业减轻所得税负的主要方式。企业付息后，虽然利润有所减少，但实际税负比未付息时要低。

商业银行的税务筹划工作应当渗透到经营管理的各个环节，如经营机构设立（如注册地点和组织形式的选择，经营场所采用购买还是租赁方式）、筹融资决策（如发行股票还是发行债券融资）、业务产品设计、投资品种选择等，因此商业银行应当在交易发生前（即决策阶段）充分考虑税收对交易结果的可能影响。这需要决策者和相关工作人员具有较强的税务筹划意识，配合税务筹划人员评估税收影响、提供税后指标，以便对备选方案进行全面评价，保证决策的准确性，从而节约纳税成本，实现企业价值最大化的目标。

第三节 汽车制造企业税务筹划案例

汽车制造企业作为技术、资本密集型企业，带动了整个经济体系的发展。如今，汽车产业已经成为我国经济发展的支柱，其税收负担较其他行业重，因而进行合理的税务筹划可以使汽车制造企业减轻税收负担，提高市场竞争力。下面就增值税、消费税、企业所得税的税务筹划案例来说明具体操作。

一、汽车制造企业增值税的筹划

汽车制造企业增值税的筹划主要从以下三方面进行考虑：

（1）身份选择和企业地点的筹划。通常情况下，当工业企业进项税额大于销项税额的64.7%时，一般纳税人税负轻于小规模纳税人，会计处理方法选择一般纳税人合算。因此，汽车制造企业应认真计算和衡量选择小规模纳税人还是一般纳税人。投资者选择地点时，也应该充分利用国家对某些特定地区的税收优惠政策。例如，保税区内的生产企业从区外有进出口经营权的企业购进原材料、零部件等加工成产品出口的，可按保税区海关出具的出境备案清单，以及其他规定的凭证，向税务机关申请办理免、抵、退税。

（2）企业采购活动增值税的筹划。对于一般纳税人来讲，购货对象有以下三种选择：①从一般纳税人处购进货物；②从可请主管税务机关代开专用发票的小规模纳税人处购进货物；③从不可请主管税务机关代开专用发票的小规模纳税人处购进货物。如果一般纳税人和小规模纳税人的销售价格相同，应该选择从一般纳税人处购进货物，原因在于抵扣的税额大。但是如果小规模纳税人的销售价格比一般纳税人低，就需要企业通过计算进行选择。

（3）企业销售活动增值税的筹划。税法对不同的销售方式有不同的计征增值税的规定。采用折扣销售方式时，如果销售额和折扣额在同一张发票上体现，则以销售额扣除折扣额后的余额为计税金额；如果销售额和折扣额不在同一张发票上体现，则无论企业财务上如何处理，都不能将折扣额从销售额中扣除。采用销售折扣方式时，折扣额不得从销售额中扣除。采用销售折让方式时，折让额可以从销售额中扣除。采用以旧换新和还本销售方式时，都应以全额为计税金额。此外，还有现销和赊销。在产品的销售过程中，企业对销售有自主选择权，这为利用不同销售方式进行纳税筹划提供了可能。

二、汽车制造企业消费税的筹划

根据税法的规定，汽车制造企业外购或委托加工企业加工的已税汽车轮胎用于连续生产汽车轮胎对外销售的，企业在计征消费税时可以将已经缴纳的消费税予以扣除。但扣除的范围只限于从工业企业购进的汽车轮胎和进口环节购进的汽车轮胎上缴的消费税，对于从国内购进的汽车轮胎已经上缴消费税的税额，不允许抵扣。因此，汽车制造企业在进行消费税税务筹划时应注意汽车轮胎购进的渠道。

例如，某公司为一家汽车轮胎生产企业，是增值税一般纳税人。公司购进一批内胎，当时消费税税率为3%，假设此批内胎用于加工某中级轿车，可全部销售，实现增值税。此时，在进行该企业的消费税筹划时有三种方案：

（1）从A内胎生产企业购入货物，可取得增值税专用发票，货款为226万元（其中，价款200万元，增值税额26万元）。购入货物时，企业可以抵扣34万元的增值税款和200×3%=6（万元）的消费税款，则企业实际从A企业购入内胎的成本为226-26-6=194（万元）。

（2）从多家小规模内胎生产企业购入，没有取得增值税专用发票，货款为216万元。因为没有取得增值税专用发票，所以企业只能抵扣消费税216÷（1+6%）×3%≈6.1（万元），则企业从多家小规模内胎生产企业购入货物的成本为216-6.1=209.9（万元）。

（3）从B轮胎供销公司购入货款为226万元的内胎（其中，价款200万元，增值税额26万元）。根据税法规定，从供销公司购入的汽车内胎不可以抵扣消费税，因此，企业从B供销公司购入货物的实际成本为226-26=200（万元）。

比较以上三种消费税筹划方案可知，企业从A内胎生产企业购入货物所支付的成本最低。因此，企业在选择外购轮胎用于连续生产时，同等价位条件下应选择A生产厂家。

三、汽车制造企业所得税的筹划

我国汽车制造企业现阶段的自主研发能力仍比较落后，汽车的高端制造技术基本依靠跨国企业的支撑。因此，我国出台了一些税收优惠政策来鼓励国内汽车制造企业的发展。如汽车制造企业通过申请认定为高新技术企业后，按照相关规定可以减按15%的税率上缴企业所得税，这在一定程度上为企业减轻了税收负担，提高了企业当期的盈利水平。

第四节　教育行业培训机构税务筹划案例

教育行业是高利润行业，但成本低，所以税务压力相对来说比较大。而教育行业培训机构又具有独特的经营特点，因此针对流转税、所得税等主要税种的筹划，应从课酬发放、发票开具、职工录用、核算方式等方面入手。下面结合具体案例进行说明。

一、课酬尽可能转向培训费用，减少个人所得税

根据现行个人所得税政策，个人取得的劳务报酬只能按照法定标准进行扣除，而企业取得收入所支付的必要成本、费用和损失允许在税前扣除。因此，培训机构发放课时报酬时应当尽量发放纯劳务费，各项费用由公司承担，这样不仅可以减少教师的个人所得税，而且一部分节约的个人所得税可以转化为公司利润。

例如，A培训学校聘请10位教师，每人课时报酬3000元，共计30000元。课时报酬发放有两种方案可供选择：方案一是每位教师发放课酬3000元，住宿、交通、餐饮等费用估计6000元，由各授课教师自行承担；方案二是每位教师发放课酬2340元，教师的住宿、餐饮等相关费用由公司承担。下面来看看A校应选择哪种方案：

方案一：公司支出=3000×10=30000（元）；代扣个人所得税=（3000-800）×20%×10=4400（元）；教师税后收益=30000-4400-6000=19600（元）。

方案二：公司支出=23400+6000=29400（元）；代扣个人所得税=（2340-800）×20%×10=3080（元）；教师税后收益=23400-3080=20320（元）。

由此可见，方案二和方案一相比，公司支出减少 30000-29400=600（元），教师税后课时报酬增加 20320-19600=720（元）。因此，A 校应选择方案二。

二、恰当选择开票时机，减少流转税

培训机构应当谨慎选择开票时机，最好等相关收费金额确定后再开具正式发票。

三、适当雇用政策鼓励人员，增加税前扣除

根据政策规定，企业发放给残疾员工的工资允许按照 100% 的标准加计扣除。聘用符合规定的待业人员时，可按照每人每年 4000 元的标准扣除流转税、城市维护建设税、教育费附加和企业所得税。除教师外，培训机构的一般工作人员技术含量不高，可以考虑雇用一些税收政策鼓励人员，以充分享受税收优惠政策。

例如，C 培训公司 2016 年营业额预计为 500 万元，当年准备招聘员工 20 名，人均年工资 3 万元。人事部门提供两个招聘方案：方案一是全部聘用应届大中专毕业生；方案二是聘用应届大中专毕业生 2 名，残疾人员 2 名，符合政策规定的待业人员 16 名。下面来看看 C 公司应选择哪种方案：

方案一：支付工资总额 =3×20=60（万元）；工资支出抵减所得税额 =60×25%=15（万元）。

方案二：支付工资总额 =3×20=60（万元）；工资支出加计扣除额 =3×2=6（万元）；工资支出抵减所得税额 =（60+6）×25%=16.5（万元）；允许扣减的税额 =0.4×（2+16）=7.2（万元）。

由此可见，方案二和方案一相比，能够节约税收 16.5-15+7.2=8.7

（万元）。因此，C 公司应选择方案二。

四、尽量争取小型微利企业所得税待遇

根据政策规定，对小型微利企业年应纳税所得额不超过 100 万元的部分，减按 25% 计入应纳税所得额，按 20% 的税率缴纳企业所得税；对年应纳税所得额超过 100 万元但不超过 300 万元的部分，减按 50% 计入应纳税所得额，按 20% 的税率缴纳企业所得税。上述小型微利企业是指从事国家非限制和禁止行业，且同时符合年度应纳税所得额不超过 300 万元、从业人数不超过 300 人、资产总额不超过 5000 万元等三个条件的企业。因此，企业在应纳税所得额略超过 30 万元标准时，应尽量采取提高员工工资、进行公益性捐赠等措施进行控制，争取享受优惠税率。对股东较少的公司来讲，还可以采取向股东发放年终奖的方式。

五、选择有利的核算方式，减少流转税

培训机构除了收取培训费外，还要向学员销售培训资料。企业既可以将资料费并入培训服务收入统一核算，也可以单独核算培训资料销售收入。单独核算培训资料销售收入要缴纳增值税，企业应根据实际情况选择一般纳税人或小规模纳税人身份，减轻税收负担。

第五节 医疗器械生产企业税务筹划案例

医疗器械行业是一个多学科交叉、知识密集、资金密集型的高技术产业，进入门槛较高，同时由于存在多、小、散、乱的问题，其税务也是散乱的。医疗器械行业如何合理避税呢？下面先来看一个医疗器械生

产企业的案例，然后提出医疗器械行业进行税务筹划的一些思路。

一、某医疗器械生产企业的税务筹划

某医疗器械生产企业的现状是，境外母公司承接客户订单，委派境内该企业生产销售。该企业依照境外母公司委派的订单，将自行研发生产的医疗器械销售到境外（有部分技术来源于境外，也有部分技术再开发是该企业在境内自行完成的），同时提供器械的安装、售后维修及技术咨询。该企业与境外母公司签订的都是设备销售合同。该企业账面上挂有2000万元的其他应付账款，均为母公司支持该企业在境内运营的资金，账目按照技术使用费列支。法人营业执照范围中没有技术开发和技术咨询项目。所有这些，其实都存在极大的税务稽查风险。

该企业实际与境外母公司发生的业务可以拆分为医疗设备技术研发、医疗设备出口销售、医疗设备技术咨询。具体的解决方案是：

首先，应该在经营范围中增加技术开发和技术咨询项目，这是申请技术项财政补贴的必要条件。

其次，完善该企业与境外母公司的业务合同，拆分为技术研发和技术咨询部分的合同按照技术合同备案要求进行细化，细化后的合同要到技术市场备案。

再次，整理账目体系，将来源于境外的收入按照产品销售、技术研发以及技术咨询进行拆分，做到合同、发票、收入一一对应。

最后，将技术研发、技术咨询类合同到商务委"服务外包"和"技术出口"双系统备案，最终凭着定价合理的备案合同取得技术收入，同时支付境外母公司应付款项。

上述案例说明，医药器械行业中的企业大部分可以享受相应的税收优惠。

二、医疗器械行业税务筹划思路

医疗器械行业的税务筹划可以参考以下思路：

（1）在税收低洼地注册新公司，无须医药代表长途奔波，也无须花费太多时间操心工商和财税事宜。

（2）根据医药代表无法清晰核算服务成本的实际情况，向政府申请核定征收个人所得税的优惠政策。

（3）提供医药代表业务和财税管理的对接系统，最大限度地降低服务错误率，提高服务效率，而且药企可以通过后台统一管理。

（4）在满足一定条件的情况下，可以向药企开具增值税专用发票，有效降低药企开具发票的成本。

医疗器械企业可采取的合理节税方式主要有：

（1）账务处理。在现实经济活动中，同一经济事项有时存在不同的会计处理方法，而不同的会计处理方法又对企业的财务状况有不同的影响。如采用科学的存货计价方法，选择合理的计提折旧、摊销的方式等。

（2）经营策略。加大研发力度，不断调整产品结构，使功能多样化，增强企业的市场竞争力。

（3）税收政策。可以使用国家针对研发的支持政策和出口退税政策等。

此外，也可以选择将总部结算中心设立在有税收扶持政策的开发区。例如，上海市某开发区在当地有专业的执行团队可以为企业办理营业执照、税务登记证和组织机构代码证，并协调工商和税务关系，以及提供后续的申领返还等增值服务，还可以为企业免费提供办公用房和办理营业执照所需要的租赁协议等材料。

第六节 物流企业增值税税务筹划案例

目前，在营改增后，物流企业已经成为增值税纳税对象。物流企业主要从事代理服务和运输、仓储等业务，因为同时涉及交通运输业和服务业，且两种行业的税率有所不同，这就为其进行税务筹划提供了空间。下面结合案例来探讨营改增背景下物流企业增值税税务筹划的措施与技巧。

一、转变经营方式，巧做税务筹划

增值税一般纳税人在销售货物时一般是根据进销差价按照税率缴税，而增值税应税劳务中的"服务业—代理"税目的税率低。物流企业只要从物资供应商的角色转变为销售代理商，就可以现节约税收。

二、转变合同形式，巧妙节约纳税

由于季节性工作量的差异，物流企业往往将部分闲置的机器设备出租。按照税法规定，财产租赁应按"租赁"税目缴纳，如能转变为装卸作业，则只需按照"交通运输—装卸搬运"税目缴纳9%的增值税。

三、分别核算好处多

F物流公司是一个集仓储、运输于一体的纳入试点的大型物流企业，并且为自开票纳税人，年总收入在4000万元左右，其中提供运输服务的收入为1400万元左右，提供仓储和其他业务的收入为2600万元左右。

根据相关规定，如果F物流公司没有分开核算各项业务，则应缴纳的增值税为 4000×9%=360（万元），应缴纳的城市维护建设税及教育费附加为 360×（7%+3%）=36（万元）。如果该公司分别核算运输收入和其他收入，则应缴纳的增值税为 1400×9%+2600×6%=282（万元），应缴纳的城市维护建设税及教育费附加为 282×（7%+3%）=28.2（万元）。

四、内部承租有技巧

税法对特定经营行为纳税义务人的界定，是以当事人是否领取了营业执照为标准，纳税人可以利用这一判断标准进行筹划。

例如，H 物流公司是一家集装卸、搬运、仓储、租赁于一体的综合性集团企业，在向集团外部提供服务的同时，也向集团内部提供服务。该公司决定将 30 间闲置厂房全部改造为门面房，并以每间每年 2 万元的优惠价格出租给内部职工 6 年。

方案一：承租人即内部职工领取营业执照。在这种情况下，H 物流公司应该缴纳的增值税为 600000×6%=36000（元），应缴纳的城市维护建设税及教育费附加为 36000×（7%+3%）=3600（元），应缴纳的房产税为 600000×12%=72000（元），每年合计所承受的税收负担为 36000+3600+72000=111600（元）。

方案二：出租时要求内部职工不办理营业执照，并以本单位的名义对外经营，则 H 物流公司不用缴纳每年 111600 元的税收，6 年就可以节省税款 111600×6=669600（元）。

第七节　零售行业促销时的税务筹划案例

商场流行的促销方式一般有打折、满减、买赠、满额赠、返券、抽奖等，不同的促销方式适用的税收政策各不相同，故而在策划促销活动时，应将税收因素考虑在内，以优化营销方案。

一、"打折"与"满减"促销的税务处理

所谓"打折"，就是用原价乘以折扣率得出实际成交价格的促销方式。所谓"满减"，是指当消费达到一定金额时，对原价再减免一部分价款的促销方式，这其实是变相的打折方式，区别只是折后价格的计算方法不相同。

根据相关政策规定，企业为促进商品销售而在商品价格上给予的价格扣除属于商业折扣，商品销售涉及商业折扣的，应当按照扣除商业折扣后的金额确定商品的销售收入。在"打折"与"满减"的促销方式下，均可按照扣除商业折扣后的金额来确认销售收入，销售发票可以直接开具折后金额，也可以在发票上分别列示原价和折扣金额。

二、"买赠"与"满额赠"促销的税务处理

所谓"买赠"，是指顾客购买指定商品可获得相应赠品的促销方式。《中华人民共和国增值税暂行条例实施细则》(以下简称《实施细则》)第四条规定，单位或个体工商户"将自产、委托加工或购买的货物无偿赠送其他单位或者个人"视同销售货物。其计税价格的确定应根据《实施细则》第十六条规定："纳税人……有本细则第四条所列视同销售货物行为而无销售额者，按下列顺序确定销售额：（一）按纳税人当月同类货物的平均销售价格确定；（二）按纳税人最近时期同类货物的平均销售价格确定；（三）按组成计税价格确定。组成计税价格的公式为：组成计税价格 = 成本 × (1+ 成本利润率)，属于应征消费税的货物，其组成计税价格中应加计消费税额。"

例如，某牛奶公司在超市举行新品推广促销活动，每箱新品牛奶绑赠纯牛奶10包，若同时购买3箱以上，则超市另行加赠保鲜盒1个。超市本身不销售此种保鲜盒，故从其他小规模纳税人处采购，采购价为3元/个（开具普通发票）。新品牛奶零售价为46.8元/箱，超市采购价为30元/箱（不含税），绑赠的纯牛奶由该牛奶公司免费提供。活动期间超市共售出新品牛奶300箱，绑赠纯牛奶3000包，送出保鲜盒100个。

相关政策规定，企业以买一赠一等方式组合销售本企业商品的，不属于捐赠，应将总的销售金额按各项商品公允价值的比例来分摊确认销售收入。本例中每箱新品牛奶绑赠的纯牛奶为该牛奶公司组合销售本企业商品，其实质是降价促销行为，故该牛奶公司可将总的销售金额按各项商品公允价值的比例来分摊确认销售收入。对于超市而言，新品牛奶和绑赠的纯牛奶可视为同一个商品管理，绑赠的纯牛奶无须单独核算，对加赠的保鲜盒则应视同销售，按其计税价格计算缴纳增值税。

保鲜盒计税价格=3×（1+10%）=3.3（元），超市的会计处理如下：

（1）确认主营业务收入和应缴增值税（销项税额）。主营业务收入=（300×46.8）÷（1+13%）≈12424.78（元），应缴增值税（销项税额）=12424.78×13%=1615.22（元）。

（2）结转销售商品成本。主营业务成本=300×30=9000（元），同时结转库存商品9000（元）。此外，进项税额=9000×13%=1170（元），实际应缴增值税=1615.22-1170=445.22（元）。

（3）赠品的会计处理。赠品采购成本（库存商品）=100×3=300（元），赠品视同销售应缴增值税（销项税额）=（100×3.3）÷（1+13%）×13%≈37.96（元），销售费用=300.00+37.96=337.96（元）。

此处赠品视同销售收入330元，虽然不用在账面上直接反映，但在申报企业所得税时应纳入"销售收入"项，计算缴纳企业所得税。

所谓"满额赠"，是指顾客消费达到一定金额时即获得相应赠品的促销形式，赠品由商场提供，通常是顾客持购物发票到指定地点领取。"满额赠"在提高客单价方面有较明显的效果。在税务处理上，一般做法与上例中超市赠送保鲜盒相似。但考虑到百货公司赠品促销活动频繁，且赠品发放数量大、品类多，为有效控制赠品的税负，简化税收申报工作，可以将赠品比照自营商品来管理。

采购赠品时，要尽量选择有一般纳税人资格的供应商，要求开具增值税专用发票，用于抵扣进项税额。在定义赠品销售资料时，自行设定合理的零售价格。发放赠品时，按设定的零售价格做"正常销售"处理，通过POS机系统结算，收款方式选择"应收账款"，在活动结束后结转"销售费用"和"应收账款"。

例如，某商场在周年庆期间推出"满额赠"促销，单笔消费达5000元即送咖啡机1台，总限量10000台。商场从X商贸公司（一般纳税人，开具增值税专用发票）采购此赠品，不含税采购价为200元/台。商场对此批赠品比照自营商品管理，并在销售系统中建立新品，设定零售单价为245.7元。活动期间赠品全部送完。

相关会计处理如下：

（1）赠品采购。采购成本（库存商品）=200元/台×10000台=200万元，进项税额=200×13%=26（万元），结转应付账款=200+26=226（万元）。

（2）确认主营业务收入和应缴增值税（销项税额）。主营业务收入=245.7元/台×10000台÷（1+13%）≈217.43万元，应缴增值税（销项税额）=217.43×13%≈28.27（万元），应收账款=217.43+28.27=245.7（万元）。

（3）结转销售成本。主营业务成本＝200万元，库存商品＝200万元。

（4）结转赠品费用。销售费用＝245.7万元，应收账款＝245.7万元。

本例确认销售收入210万元，应缴增值税1.7万元。若按视同销售处理，则应计视同销售收入220万元（核定成本利润率为10%），应缴增值税3.4万元。由此可见，将赠品发放比照自营商品销售处理，不仅减少了纳税申报时计算视同销售收入的环节，还可通过自主设定零售价格将销项税额控制在合理水平。

三、"返券"促销的税务处理

所谓"返券"，是指顾客消费达到一定门槛后获赠相应数额购物券的促销方式。对顾客来讲，赠券在商场内可以替代现金使用，比赠品更实惠，而对商家来讲，赠券能将顾客留在店内循环消费，可显著提高销售额。因此，在重要节日期间，各大商场经常会推出赠送购物券的活动。

有些人认为送出的购物券应作为"销售费用"处理，企业将派发的购物券借记"销售费用"，同时贷记"预计负债"。当顾客使用购物券时，借记"预计负债"，贷记"主营业务收入"等科目，同时结转销售成本，逾期未收回的购物券冲减"销售费用"和"预计负债"。这种处理方式存在较大的弊端，这是因为：商场用返券活动替代平常的商品折扣，返券比率很高，相当于虚增了销售收入，企业需要承担过高的税负。更合理的做法应该是，发出购物券时只登记，不做账务处理，顾客持购物券再次消费时，对购物券收款的部分直接以"折扣"入POS机系统，即顾客在持券消费时，实际销售金额仅为购物券以外的部分。

四、"抽奖"促销的税务处理

"抽奖"促销通常是顾客消费达到活动条件即凭购物小票参加抽奖，奖品多为实物。对于百货公司来说，送出奖品与发放赠品在会计和税务处理上并无差别。但《国家税务总局关于个人所得税若干政策问题的批复》（国税函〔2002〕629号）第二条规定："个人因参加企业的有奖销售活动而取得的赠品所得，应按'偶然所得'项目计征个人所得税。赠品所得为实物的，应以《中华人民共和国个人所得税法实施条例》第十条规定的方法确定应纳税所得额，计算缴纳个人所得税。税款由举办有奖销售活动的企业（单位）负责代扣代缴。"在实务操作中，部分顾客不了解代扣代缴个人所得税的法规，从而对活动的真实性产生怀疑，为避免纠纷，商场应该在活动规则中做明确的提醒。

促销活动的举办需要各个部门全力配合，促销方式要不断推陈出新，吸引顾客参与其中，从而使活动达到预想的效果。对促销活动的税务筹划，亦应根据活动方式的变化而不断创新，提出合理化的建议，在不违反国家税收政策的前提下，尽量减轻企业税负。

参考文献

[1] 朱青.企业税务筹划原理与方法［M］.北京：中国人民大学出版社，2017.

[2] 张海涛.中小企业税务与会计实务［M］.北京：机械工业出版社，2018.

[3] 孔茨.管理学［M］.张晓君，等译.北京：经济科学出版社，1998.

[4] 国家税务总局.关于印发《增值税纳税申报比对管理操作规程（试行）》的通知：税总发［2017］124号［A］.2017-10-30.

[5] 国家税务总局.关于走逃（失联）企业开具增值税专用发票认定处理有关问题的公告：国家税务总局公告2016年第76号［A］.2016-12-01.

[6] 财政部，国家税务总局.关于营改增后契税 房产税 土地增值税 个人所得税计税依据问题的通知：财税［2016］43号［A］.2016-04-25.

[7] 财政部.关于印发《增值税会计处理规定》的通知：财会［2016］22号［A］.2016-12-03.

[8] 财政部，国家税务总局.关于完善股权激励和技术入股有关所得税政策的通知：财税［2016］101号［A］.2016-09-20.

[9] 深圳市地方税务局.深圳市地方税务局关于个人所得税征收管理若干问题的公告:深圳市地方税务局公告〔2016〕2号〔A〕.2016-06-28.

[10] 国家信息化领导小组.关于我国电子政务建设指导意见:中办发〔2002〕17号〔A〕.2002-08-05.

[11] 国务院.中华人民共和国企业所得税法实施条例:中华人民共和国国务院令〔2007〕512号〔A〕.2007-12-06.

[12] 国家税务总局.国家税务总局关于个人所得税若干政策问题的批复:国税函〔2002〕629号〔A〕.2002-07-12.

[13] 西藏自治区人民政府.关于印发西藏自治区招商引资若干规定的通知:藏政发〔2014〕103号〔A〕.2014-09-22.

[14] 霍尔果斯经济开发区管委会办公室.霍尔果斯经济开发区招商引资财税优惠政策(试行):霍特管办发〔2013〕55号〔A〕.2013-06-17.

[15] 财政部,国家税务总局.关于个人与用人单位解除劳动关系取得的一次性补偿收入征免个人所得税问题的通知:财税〔2001〕157号〔A〕.2001-09-10.